HOW TO GET MORE MOTIVATION TO MAKE A THRIVING SHOP.

岡本文宏

小さなお店専門の経営コーチから学ぶ

繁盛店のやる気の育て方

女性モード社

「自分で考えて動く、〝やる気〟の高いスタッフが欲しい！」

これは、多くの経営者・マネージャーに共通する思いではないでしょうか。

でも、現実では裏腹に、仕事の「やる気」に対して、スタッフと大きな温度差があり、

「スタッフがやる気を出してくれず、売上が伸びない」

「突然退職してしまった……」

など、スタッフマネジメントで苦戦を強いられている方が多いのではないかと思います。

実際、「やる気」「スタッフ」というキーワードをネット書店のアマゾン・ドットコムで検索すれば、１００を超える書籍がヒットします。このことからも、スタッフのやる気を上げたいというニーズを持つ人が多いということが読み取れますし、また、「やる気スイッチ」の入れ方が分からず困っている人が多数いることの表れだともいえます。

では、なぜ、スタッフのやる気のスイッチは、こちらが思うようにオンにならないのか？

……このことは、私自身も、かつてセブン-イレブンのＦＣ店を開業した当初、いつも悩んでいたことでした。

当時はどうにかして、スタッフのやる気を上げてやろうと考え、試行錯誤を繰り返していました。でも、何をしても効果は薄く、スタッフのやる気を高めることはできませんでした。

実は、当時の私を含め、スタッフマネジメントに問題を抱える方に共通している、一つの「間違い」を犯していたのが、その原因でした。

その間違いとは？

「こちらが主体者となり、スタッフのやる気のスイッチを入れようとしていること」です。

「やる気を出せ！」とスタッフに指示命令すれば、一時的には経営者やマネージャーが意図する通りに動くようになるので、「やる気が上がった」ように見えるかもしれません。しかし、しばらくすると、元の状態に戻ってしまいます。

昔の軍隊ならいざ知らず、現代においては、組織のトップから圧力をかけ、相手の行動や思考を変えようとしても、成果が上がるものではありません。それなのに、多くの経営者やマネージャーは、スタッフを思い通りに「動かそう」と考えてしまいがちなのです。

もちろん、これではうまくマネジメントなどできません。

また、賃金を上げればやる気が高まるだろうと考える方もいます。確かにアップした瞬間は効果があるのですが、翌月からは、その賃金に慣れてしまうため、効果は一瞬で終わります。

では、指示・命令をしなくても、賃金をアップせずとも、やる気を上げ、自ら進んで仕事に取り組むスタッフに育てるには、どうすればいいのでしょうか？

それは、スタッフ自身が心から「仕事に取り組みたい」と思い、自ら「やる気」のスイッチをオンにできるような環境を整えること。そのためには、経営者やマネージャーが、自らの考え方やマネジメントのやり方を変えていく必要があるでしょう。

あなたのお店の〝今いるスタッフ〟が、自らやる気を出して行動し、積極的に売上づくりに貢献してくれるような〝誰もが欲しがるスタッフ〟になったなら、スタッフ、お店、そしてあなた自身はどう変化するでしょうか？

まず、スタッフ自身が仕事にやりがいを感じ、店で働くことを楽しいと思うようになるため、人が辞めなくなり、定着率が上がります。次に、各自の仕事、例えばＰＯＰ作成やディスプレイ、発注、接客、提案…など、全てのサービスの質が上がり、同時に業績もアップします。その結果、繁盛店の仲間入りを果たすことになるでしょう。

また、スタッフがやる気を出して仕事をドンドン片付けていくので、業務の停滞がなくなり、あなた自身の仕事に対するストレスが激減します。同時に、自由に使える時間も増え、本当に「やりたい」と思うことに取り組めるようになるでしょう。もちろん、プライベートで、家族や友人と一緒に過ごす時間も大きく増えます。もし、あなたにお子さんがいるとしたならば、学校の行事にも、仕事のことを気にせず、気兼ねなく参加することができるようになることでしょう。

現状、そういう状態にはほど遠い……とお感じの方もご安心ください。

この本の中で登場する、繁盛店の経営者や現場マネージャーの方々、そして、筆者である私自身も、かつては今のあなたと同様、スタッフのやる気スイッチを入れることができず、マネジメントがうまくいかない……と悩みを抱えていました。

でも、自分自身の思考・行動・マネジメントのやり方を、ほんの少しだけシフトチェンジしていったことで、スタッフのやる気スイッチが「バチッ!」と音を立てて入りだし、お店の状況も一変していったのです。

どうすれば、現状をあなたが描く理想の状態に変えられるのか?

そして、「やる気あるスタッフがそろい」「お客さまから厚い支持を受ける繁盛店」になるためには、どうしたらよいのか?

その方法を、本書の中でじっくりご紹介していきたいと思います。

繁盛店のやる気の育て方　目次

第4章 「成果・成功」でやる気が湧いてくる 095

第5章 スタッフのタイプ別「やる気マネジメント」 127

経営コーチ（コーチング）とは？

私の肩書は「小さなお店の経営コーチ」です。普段は、店舗の経営者や現場のマネージャー・店長に対し、求人・採用のノウハウおよび人材育成・マネジメントを通じて、スタッフの「やる気アップ」の方法をお伝えし、繁盛店づくりをお手伝いしています。

ありがたいことに、全国から講演や研修の依頼を頂戴し、その会場でさまざまな経営者の方にお会いします。その際、コンサルタントではなく「コーチ」として紹介されるので、「コーチって何をする人なんだろう？」と疑問に思われる方も少なくありません。講演後の名刺交換の際などにも、この質問を受けることもあります。その際私は、「コーチングを一言でいえば、『相手が自らやる気になるように促すコミュニケーションスキル』です」とお答えしています。

「トップダウンで指示・命令を繰り返すのは、マネジメントや人材育成上、効果的でない」ということは、大半の経営者・マネージャーが、〝頭では〟よく理解しています。ただ、目の前のスタッフが、覇気のない顔でタラタラと仕事をし、言ったこともできない……という状況だと、思わず「やる気を出せ！」とどなりつけてしまいがちです。

しかし、これでは好転しません。怒りをあらわにすれば、最初は相手に恐怖感を与えて動かすことができても、繰り返すうちにスタッフは慣れてしまい、反応しなくなります。

スタッフは、無理に動かそうとしても決して動いてはくれません。また、やる気スイッチも、無理に入れようとしても決してオンにはなりません。コミュニケーションを通じ、スタッフ自身の内側から「やりたい！」という気持ちをあふれさせる以外、やる気は高まらないのです。

そして、コーチである私の役割は、「相手のやる気が自然と高まるように、環境を整えること」だと捉えています。

さて、この本をお読みいただいているあなたへ、一つリクエストがあります。

それは、「本書を通じて私のコーチングノウハウを身に付け、あなた自身がスタッフのコーチになっていただきたい」ということ。

私のクライアントの美容室経営者は、自分自身がコーチングを受けることで、仕事に対するやる気が上がり、効率よく業務を進めていけるようになったという手応えを感じたので、自分の店のスタッフにも、自らがコーチとなり、月に2回、個別にスタッフに対してコーチングを行なっています。そうしたところ、スタッフの仕事に対するやる気がグンと上がり、自ら問題解決ができるようになり、売上づくりにも積極的に貢献するように変化していった、とお聞きしています。同様に、あなたも「スタッフのコーチ」となることができれば、彼ら・彼女らのやる気が高まり、〝誰もが欲しがるスタッフ〟に成長し、お店も繁盛店に生まれ変わります。

この本で得たいことは何ですか？

さて、今この本を読まれているあなたは、経営者やマネージャー・店長など、スタッフを束ねる立場にいらっしゃることと思います。そして、スタッフの「やる気」に関して、

「やる気満々だったのに、いつの間にか惰性で働くようになった」

「やる気を失い、次々に離職していく」

「モチベーションの低さがお客さまにも感じ取られてしまい、客足が遠のいている」

などといった悩みを多かれ少なかれ抱えているのではないでしょうか？

本書は、そんなあなたのお悩みを解決する「処方箋」として、スタッフのやる気を高め、繁盛店に育てる方法をお伝えしていきます。

……が、読み進める前に、5分ほど時間を使って、

○スタッフのモチベーションについてどんな課題があるか

○その課題を解決するために、本冊子から得たい情報は何か

○それによってお店をどうしたいか

について、左ページに書き込んでいただけますでしょうか。

☻ この本を通じて解決したいことは何でしょうか？（課題発見シート）

まずは、スタッフの「やる気」に関する課題と、得たい情報、そして、解決する目的・解決後の目標について、今思いついたことで結構ですので書き込んでみてください。

1　スタッフのモチベーションについてどんな課題がありますか？

2　その課題を解決するために、この本から得たい情報は何ですか？

3　課題を解決することで、どんなお店にしていきたいですか？

「課題」「得たい情報」「目的」は整理できましたか？

なぜ、このようなことを記入していただいたかというと、課題や目的がはっきりしていると、その解決策を得るためのセンサーが敏感になり、同じ情報を読んでも、身に付く質や量が格段に増えてくるからです。

第1章

なぜ、あの店には やる気ある人材が そろうのか

繁盛店の条件は「やる気のある人材をそろえること」

日本初の「小さなお店専門の経営コーチ」として、店舗のサポートを始めて10年。

美容室、居酒屋、洋菓子店、米穀店、精肉店、学習塾、英会話教室、エステサロン、マッサージ店、接骨院、鍼灸院、歯科医院、コンビニ、ＦＣ加盟店、葬儀社……など、関わらせていただいた店の業種は、小売からサービス、医療機関に至るまで、多岐にわたります。

◇

そして、その中には、繁盛店がいくつもありますが、業種や出店エリアは異なれど、繁盛店と呼ばれる店舗には、共通点が存在しています。

もちろん、提供する商品やサービスが良いことは当然ですし、店の内・外観、空間自体がすてきなことも挙げられます。

しかし、どれだけ商品が良くても、内外観がきれいでも、繁盛していないお店も、残念ながらよく見かけます。

では、何が違うのか？

実は、繁盛店には、必ずといっていいほど、仕事に対するモチベーションの高い、「やる気」ある人材がそろっているのです。

やる気ある人材がそろうと……？

やる気ある人材が店にそろうと、お店はどうなるのでしょうか？

【1　リピート客が増える】

お店に訪れるお客さまは、店で提供されているサービスや商品を購入することが目的で来店されます。しかしその際に、スタッフがやる気のない態度で応対していては、お客さまは「また利用したい」という気持ちにはなれません。

逆に、接客のレベルが高く、応対の姿勢・表情・雰囲気などがとても良いと、「もう一度、あの人から買いたい！」と思ってもらえるので、リピート客が増えます。

やる気のあるスタッフがそろうことで、お店のファンが増え、業績アップに直結します。

【2　教育に手間ひまがかからなくなる】

店の売上が増え、忙しくなれば、新規に人を雇うことになります。

スタッフの頭数がそろえば各自の負担が軽減されて楽になると考えがちですが、新規に雇用した人が思ったように動いてくれない場合、経営者やマネージャーは、その人の教育に手間と時間を取られます。そうなると現場も混乱し、かえって雇用前より忙しくなってしまいます。

しかし、やる気ある人材がそろっていると、あれこれ指示を出さずとも、現場スタッフが自ら進んで教育してくれます。また、「背中を見て育つ」の通り、やる気あるスタッフに囲まれた新人スタッフは、周囲に感化されてやる気が高まります。

こうなれば、教育などにかかる時間や労力が大幅に軽減されるため、空いた時間を利用して、業績アップの戦略を練ったり、販促活動に取り組んだりできるようになります。

【3　やりたいと思うことができるようになる】

現場業務が滞れば、たまっていく残務は店主やマネージャーが日々、処理することとなりますが、これでは、自分自身が抱えている仕事にあてる時間がなくなります。結果、残務をこなすために残業が増え、休日出勤をしなければならなくなります。

私がアパレル専門店の店長をしていたとき、このような状況に陥ったことがありました。そうなると、自分自身のやる気がダウンし、店の業績も低迷してしまったのです。

やる気ある人材がそろうと現場がスムーズに回りだし、仕事の停滞がなくなるため、経営者やマネージャーが本来やるべきこと・やりたいことに取り組む〝自分時間〟が増えていきます。

【4　現場から改善点の提案が上がってくる】

かつて私がセブン-イレブンのＦＣ店を経営していたとき、25人ほどのスタッフを雇っていたのですが、開業当初、私は仕事をスタッフになかなか任せることができず、ほぼ一人で商品管理を行なっていました。

コンビニは、売場面積こそスーパーほど大きくはないものの、取り扱う品目は３０００近くあります。それだけの商品を店主が一人でしっかり管理するなんてことは、よほどのスーパーマン的な能力を持つ人でない限り不可能です。実際、スーパーマンでない私は、細かなところにまで目が行き届かず、適正な発注ができなかったため、売れ筋商品が欠品したり、大量の廃棄ロスが出てしまったりと、思ったように利益を出すことができませんでした。

この反省をもとに、スタッフへ担当する商品を振り分けて、商品在庫の管理・陳列・発注・販売促進など、全てのことを任せるようにしていきました。

仕事を任せられたことで、スタッフはやる気を持って業務に取り組むようになりました。すると、私が一人では気が付かないような細かなことにスタッフが気付き、改善提案や新規アイデアがどんどん上がってくるようになったのです。

上がってきた意見をもとに、他のスタッフの協力も得ながら少しずつ店舗を改善していき、結果、以前よりもはるかに買いやすく、魅力ある売り場ができ、売上も伸びていったのです。

【5 人手不足と無縁になる】

業種や出店エリアにもよりますが、やる気のある優秀な人材を採用することができず、人員・人材不足に悩まれている方も多いのではないでしょうか？

一方、やる気のあるスタッフがそろっているお店では、スタッフが仕事に対して、面白みや、やりがいを持って働いているので、学校の卒業や配偶者の転勤などといった、やむを得ない理由での退職以外に辞めるスタッフがいなくなります。つまり、景気の良しあしや、環境の変化に左右されることなく、人手不足とは無縁の状態になれるということです。

また、そういうお店では、たとえ誰かが辞めることになったとしても、比較的短期間で新しいスタッフの採用が決まります。

そして、突然、理由を告げることなくスタッフが辞めてしまうということもありません。

私がコーチングで関わっている歯科医院では、若い女性スタッフが多いということもあり、結婚や育休、配偶者の転勤といった仕方のない理由により、毎年1~2人が退職しています。

歯科衛生士や助手の採用は非常に困難で、誰かが辞めたからといっても、すぐにその人員は補充できないというのが実情です。

その医院のスタッフは、こうした状況を理解し、退職予定の1年以上前に、退職願を自主的に出していらっしゃるそうです。

1年の猶予があれば、募集、採用、教育にじっくり取り組めるので、人材確保が極めて困難な業種・職種であったとしても、人員不足に陥ることはありません。

以上のように、やる気のある人材がそろうお店では、どんな時代も、どんな業種・職種でも、スタッフがぐんぐん成長し、そして人手不足とも無縁の状態となり、「繁盛店」に育って安定した経営を行なうことができるのです。

人を大切にするお店には、スタッフもお客さまも集まる

本書では、やる気ある人材を現場にそろえるための具体的な方法をご紹介していきますが、まず初めに、その中で最も大事なことをお伝えしておきますね。

それは……、

あなたの店の現場で「やる気あるスタッフが生き生きと働いている」こと。

禅問答のように感じるかもしれませんが、実は、これがとても大事なことなのです。

以下、私の経験から、今いるスタッフがやる気ある状態でいることの重要性をお話しします。

私が大学を卒業し、就職したのはアパレル専門店チェーンでした。その会社では当時、毎年新規に何店舗も出店して規模拡大を急いでいたため、人材も大量に採用しており、私の同期は１００人を超えていました。ただ、翌年までには半数が退職し、その次の年にはまた半分が退職……と、どんどん減っていき、数年後には10分の１以下になっていました。

採用して少し仕事を覚え、そろそろ独り立ちできるかという時に辞めてしまうわけですから、そういう会社で人が育つはずがありません。しかし、大量採用・大量退職が当たり前で、「人を大切にする」という意識が希薄だった当時のその会社では、内部にいる多くの人が、それが

おかしなことだと気付いていなかったのです。

結果として、規模拡大とは裏腹に、組織はどんどん脆弱《ぜいじゃく》になっていき、徐々に業績が傾きはじめてしまいました。

なぜ、そういう状況に陥ったのでしょうか？

要因は多数ありますが、今、内部にいた立場から言えば、まさに、

「人を大切にしていなかった」

ことが、主な要因であったと言い切れます。

その後、私はアパレル専門店チェーンを退職し、セブン-イレブンのＦＣ店を開業したのですが、そのときに、求人広告に応募してくる人の志望動機は、ほぼ共通していました。

開業当初は、時給のことや、「店が家から近いから」という動機がほとんどでした。実はその当時は、求人広告を出してもさほど反応がなく、採用してもすぐに辞めてしまうという状況で、ひどいときには、半数のスタッフが１ヵ月ほどの間に辞めてしまったこともありました。

ところが、開業４年を経過したあたりから、志望動機の内容が変わってきたのです。手前味噌になりますが、当時のことを振り返ってみます。

【主婦の場合】

自分の子どもがまだ小さかったとき、ベビーカーでこの店に来たら、いつも、店員さんが走り寄ってきて、入口のドアを開けてくれました。子供が幼稚園に通うようになったら、そんな気づかいのできる人たちがいるこの店で働こうと、以前から決めていました。

【学生の場合】

学校帰りにこの店に寄ると、自分と同い年ぐらいの店員さんが、いつもにこやかに対応してくれて、とても印象的でした。アルバイトをするならこの店で、と前から思っていました。

そして、このような志望動機が増えてくると同時に、店の経営方針や私の考えに初めから共感している人が応募してくるようになったのです。

では、この間に何が変化したのでしょうか?

それは、私自身のマネジメントのやり方を「スタッフ一人ひとりとしっかり向き合い、大切に育て、やる気を高めていく」というスタイルへと大きく変えたことにありました。

このようにしたことで、現場で働くスタッフの表情が生き生きとし始め、仕事に取り組む姿勢も変わっていき、そして、新規に応募してくる人の志望動機も変わっていったのです。

さて、私は、「お店のスタッフは、店舗を利用しているお客さまから採用しましょう」と強くおすすめしています（業種・職種や立地条件によっては難しい場合もありますが）。

よほど知名度のあるショップでもない限り、そもそも応募者は、近所（徒歩・自転車・自動車などで数分程度）に住む人がほとんどですし、店舗を実際に利用し、お店の雰囲気を理解した上で、「私も働きたい！」と思った人であれば、入社即退職とはなりにくいからです。

これを言い換えると、スタッフが生き生きと働いているお店には、「ここで働いてみたい」と思い、応募する人が多くなりますし、その応募者も、生き生きとした人である可能性が高くなります。しかし逆に、スタッフが疲れた表情で面白くなさそうに働いていたとしたら、あえてそこを勤務先に選ぼうとする人はいなくなります。

以前、深夜に勤務するスタッフが確保できないという理由で、営業を一時取りやめた飲食チェーンがありました。そのお店では、勤務条件（時給）を上げているにもかかわらず、なかなか人が集まらなかったとも聞きます。

もし、そのチェーンのお店が、スタッフが生き生きとやる気を出して働ける環境であったとしたら、恐らく、そのような事態に陥ることはなかったはずです。

この飲食チェーンしかり、私がいたアパレル専門店チェーンしかり、そこで働いている人たちが、仕事に対して心から楽しさや喜びを感じることができない企業には、スタッフはおろか、お客さまも離れていきます。

というのも、消費者は今、企業や経営者の言動をよく観察し、そのことを購買行動に反映させているからです。

情報に触れる機会が、ネットを通じて圧倒的に増えた現代においては、企業や経営者自身の考えはもちろんのこと、「その企業や店舗で働くスタッフをどのように扱っているか」という点についても、全てガラス張りであり、そこへ向けられる目は、かつてないほど厳しいものとなっています。

逆に言えば、正しい経営を行ない、人を大切にする企業やお店は、このような状況においてますます世の中から選ばれ、重用されることになるのです。

同時に、そういうお店には、やる気にあふれた「できる人材」も自然と集まってきて、ますますファンが増え……という好循環が生まれ、「繁盛店」になっていくのです。

ですので、あなたのお店を「繁盛店」にしたいと考えるのであれば、まず、「スタッフのやる気を高め」「人を大切にする」ことから始めてほしいと思います。

昔はみんなやる気のあるスタッフだった

あなたは今、もしかしたら、こう思っているかもしれません。

「やる気があり、生き生きと働いているスタッフなんて、ウチにはいないよ」

「やる気のないスタッフばかりなのに、やる気を高めるなんて無理！」

……でも、ちょっと待ってください。

面接試験で「彼・彼女はやる気が全く感じられない」と思いながら採用したスタッフは、恐らく一人もいないはずです。むしろ、成績やキャリアが少々見劣りしていても、「彼・彼女はやる気が感じられる」と採用に踏み切った例の方が多いのではないでしょうか？

つまり、今はやる気が下がっているスタッフも、昔はみんな、やる気をみなぎらせていたはずなのです（その意味では、「やる気を育てる・高める」というよりも、「やる気を元に戻す」という方が、本当は適切かもしれませんね）。

とはいえ、やみくもに叱咤激励しても、給料を上げても、やる気はなかなか元に戻りません。

「過去と他人は変えられない」という言葉もあります。

では、「他人」であるスタッフを変え、やる気を高めるのは無理？　いえ、そんなことはありません。その考え方や方法をお伝えし、あなたのお店を繁盛店に導くのが本書の目的です。

やる気のスイッチがオフになる4つの「ない」

ところで、もしもあなたのお店のスタッフがやる気を失っているとしたら、そこには何か原因があったはずです。第2章からは、やる気を育て、高めていくための方法を詳しく紹介していきますが、その前に、やる気を失わせる、典型的な4つの「ない」を見ていきましょう。

あなたのお店には、以下のような「ない」が存在していませんか?

【変わりたくない】

そもそも、多くの人は、変化を嫌い、現状維持を好むものです。

現状の方法や体制・あり方でも仕事がそれなりに回っているケースで顕著ですが、新しい方法を取り入れれば業務がスムーズに進み、業績も上がりやすくなると頭では理解しても、

「今さら新しいことに挑戦する必要があるのか」

「新しい方法で本当にうまくいくのか」

「慣れるまでに時間がかかり、お客さまや上司・同僚からの信頼を失うのでは」

などとためらってしまい、変化・挑戦へのモチベーションを持てず、現状に固執してしまうスタッフは多いものです(これは、「スタッフ」を「会社・お店」と置き換えても、同じことが

いえるでしょう)。

また、この思いをくむことなく、「つべこべ言わずにやれ」などと上から変化を押し付ければ、たとえそれがスタッフにとって必要なことであったとしても、反発し、ますますやる気を落としてしまいます。

今まで以上に業績を上げ、繁盛店にしていくためには、スタッフ自らが「変わりたい」という意欲を持ち、新しい視点を持ってチャレンジできるように導く必要があります。

その詳細は、第2章の「『場』と『環境』でやる気が高まる」でお伝えしますが、スタッフに対して、

「変化するとどんな良いことが待ち受けているのか」

というビジョン(メリット)を見せるのと同時に、

「チャレンジが成功するように体制を整えている」

「たとえ失敗してもフォローするから大丈夫」

ということも、しっかり伝えることが必要です。

ビジョン(メリット)が分かり、成功への道筋が分かれば、自然とやる気が育ち、新しい世界に飛び出していこうと思えるようになるものです。

【反応がない】

私がアパレル専門店チェーンの店長をしていたとき、当時の上司から、頻繁に営業報告のレポートを提出するよう指示されていました。

もちろん、営業報告自体は、仕事を円滑に進めていくために必要なものです。ただ、その量があまりにも多く、レポート作成のために時間を割かれ、時には自宅に持ち帰ってまでレポートを書くということが何度もありました。

ところが、こんなに手間ひまかけてレポートを提出しても、それについて意見などを言われたり聞かれたりしたことは一度もありませんでした。

あるとき、レポートの中で上司に質問を投げ掛けたのですが、当然、返答は一切なし。その後も何度か質問してみましたが、やはり無反応でした。

その上司はおそらく、レポートに目を通さず、放置していたのでしょう。

いくら時間と労力をかけたところで、誰も見ないということが分かってからは、以前のように力を入れて書き上げようという気持ちにはなれませんでした。

一方、もしも、ほんの少しでもレポートに対するフィードバックや反応があったならば、私の「やる気スイッチ」はずっとオンの状態に保たれていたはずです。

詳しい話は、第3章の「『コミュニケーション』でやる気スイッチを切り替える」に譲りますが、スタッフのやる気を育てるためには、「反応」、すなわちコミュニケーションが絶対に必要です。

そして、そのコミュニケーションは、実はほんのちょっとしたことでも十分なのです。

例えば、フェイスブックなどのソーシャルメディアでは、自分の投稿記事に「いいね！」やコメントが数個ついただけでも、うれしいと感じるものです。

同様に、仕事に対してほんの少しでも反応があり、それをもとにコミュニケーションができれば、うれしいと感じられるものなのです。

また、その反応が早ければ早いほど、うれしいと感じる気持ちは大きくなります。

現場でのマネジメントにおいても、スタッフの起こした行動や、その努力に対しては、小さくてもよいので、できるだけスピーディーに反応し、コミュニケーションを取ることが望ましいといえます。

そうして、小さなコミュニケーションを積み重ねた上で、今度は個別面談などでより深くコミュニケーションを取っていくと、ますますやる気が育っていくのです。

【先が見えない】

マラソン選手が42・195キロを走りきることができるのは、「42・195キロ先にゴールがあること」と「今、どのあたりを走っているか」が分かるからです。

この2つの情報があるからこそ、ペース配分を考え、ゴールまでの戦略を立てることができると同時に、残りの距離を走りきることへのモチベーションも維持できるのです。

もしも、ゴールを教えられず、単に「走れ！」と命令されただけならば、ペース配分が判断できない上、いつまで走り続ければいいのかも分かりません。こんな状態で、走ろうという気力が生まれるわけはありませんよね。

仕事でも、同じことが言えます。「今の自分の仕事はいつになれば終わるのか」「どれだけ成果を上げれば評価されるのか」といったことが見えなければ、ゴールのないマラソンを走るランナーのような気持ちになり、「やる気スイッチ」はオフになってしまいます。

詳しくは第4章の「『成果・成功』でやる気が湧いてくる」でお伝えしますが、スタッフのやる気を育てるには、一つひとつの業務に「ゴール」を定め、明確化することが必要です。

また、業務を完了した際には、きちんとねぎらい、「ごほうび」を用意しておくことも大切です。そうすることで、スタッフは自分自身のことを「よく頑張った！」と認めることができるようになり、自信をつけていくことができるのです。

【本人の資質や希望に合っていない】

場を荒立てたくないから、その場の空気に押されて「頑張ります！」と心にもない返事をしてしまったものの、本当は、その仕事はあまり気が進まないものだった。

入社以来、仕事を断ることなく引き受けていたら、どんどん仕事が回ってきて、うんざり。

現場での数ヵ月の仕事ぶりだけを見て「真面目で勤勉」だと評価され、リーダーを任されたけれど、本当は気分屋で、上に立って指示・指導するのは苦手だ。

このように、本人の資質や希望をくまず、表面上の働きぶりだけで評価し、仕事を振っていると、言葉では「一生懸命に頑張ります！」と答えるかもしれませんが、本心ではやる気を失っているかもしれません。また、このような状態では成果も上がりませんから、ますますやる気を落としてしまいます。それればかりか、経営者やマネジャーも「せっかく仕事を任せたのに、どういうことか？」といら立ちを覚え、悪循環に陥ります。

そうならないためには、スタッフの性格（タイプ）をきちんと把握し、そのタイプに合わせて仕事を依頼したり、フォローしたりする必要があります。

その詳細は、第5章の「スタッフのタイプ別『やる気マネジメント』」でお伝えしますが、一方的にこちらの考えを押し付けるのではなく、コミュニケーションを取りながら、スタッフの思いを受け取り、仕事がうまくいくよう導いていきましょう。

第2章

「場」と「環境」でやる気が高まる

老舗旅館で仲居さんが17年勤務し続ける理由

想像してみてください。

例えば、体を鍛えるため、筋力トレーニングを始めようと思い立ったとします。

このとき、普段と変わりばえのしない自宅で一人黙々と行なうよりも、環境を変えて、同じように「体を鍛えたい」「健康を維持したい」という気持ちを持つ人が集まっているスポーツジムに通う方が、気持ちが高まり、モチベーションも上がるのではないでしょうか。

また、もしあなたのデスクの上が散らかっていたら、ついその一つひとつに気を取られ、あるいは必要な物や書類がなかなか出てこず、集中力が散漫となりがちになるのではないでしょうか。逆に、不必要な物が全て片付けられ、机が整理整頓されていれば、業務をこなすスピードが上がり、効率もグンとアップします。

このように、人は置かれている場の環境によって、気持ちが大きく左右されるものです。

そしてこれは、職場のスタッフにも同じことがいえます。やる気を出して仕事に取り組むスタッフを現場にそろえたいならば、まず、仕事に対するモチベーションが上がるような職場環境に整える必要があります。

以前、石川県の有名旅館「加賀屋」に勤務する仲居さんからお話を伺ったことがあります。彼女は就職先を探していた当時、3歳のお子さんを育てていたのですが、子どもを預けながら働ける場所をなかなか見つけることができず、困っていたそうです（安心して子どもを長時間預けられることは、子育てをしながら働く人にとって必須条件だといえます）。

そのような中、加賀屋での勤務を決めたのは、寮の1階にスタッフのための託児所が完備されていたことを含め、福利厚生がしっかりしていて、安心して働くことができる環境が整っていたからだそうです。以来、彼女は17年も勤務しているとのことでした。加賀屋が何十年にもわたり、宿泊客や旅行関係者から高評価を得、繁盛し続けているのは、働きやすい「場」「環境」を一貫して整えてきたという蓄積あってのことなのだと実感しました。

つまり、物理的・心理的に安心して働くことができる「場」や「環境」を整えることは、やる気や働く意欲を高め、繁盛店を育てるために大切な要素となり得るのです。

motivation

1 入社初日に歓迎する

社会に出て、初めて働こうという日のことを、あなたは覚えていますか？

きっと希望と不安とが入り交じって胸いっぱいだったのではないでしょうか。

そんな初出勤日だからこそ、歓迎の意を伝えるちょっとした「サプライズ」を行なうことで、「やる気」のスイッチがオンになります。

新人スタッフの不安と緊張を取り除く出勤初日のサプライズ

新卒・中途採用にかかわらず、新しい職場に向かう新人さんは、希望と期待に胸膨らませているものです。

しかし、同時に、「新しい環境になじめるだろうか？」「経営者・先輩やお客さまに受け入れてもらえるだろうか？」という不安と緊張も抱えています。

そんな不安と緊張を一掃し、やる気いっぱいで業務に取り組んでもらい、お店にも新たな風を吹き込ませるためには、

「あなたが必要です」
「あなたを歓迎します」
という思いを示すことが大切だと考えています。

しかし、歓迎の言葉や態度を、きちんと伝えているお店って、案外少ないようです。朝礼で簡単に紹介し、閉店後に歓迎会を開いて終わり…というケースが多いのではないでしょうか？

そういった中、福岡県福岡市の美容室「アンドゥドゥ」（林 宏貴さん経営）では、新人さんを迎え入れる日の朝に、なかなかすてきな演出をされています。

その日の朝は、新人さんが出社する1時間ほど前に全スタッフが集合し、迎え入れの準備を始めます。そして、新人さんが出社してきたら、全員で「入社おめでとう！」という祝福の声を掛け、それと同時に歓迎のクラッカーを鳴らします。

出航のドラや、教会の鐘の音など、何かが始まるときには、サインとなる音が鳴らされるものです。同店では、全員で鳴らす歓迎のクラッカーの音で社会人としての船出を祝うのです。

それだけでは終わりません。２つ目のサプライズとして、全スタッフ参加の朝食会が催されます。早朝に近所のパン屋さんで買ってきた焼きたてのパンをテーブルに並べ、林さん自らコーヒーを注いで回ります。皆でコーヒー片手にパンをほおばり、新人さんを囲んで時間の許す限りワイワイ語り合って楽しい時を過ごすことで、和気あいあいとした雰囲気にサロン全体が包まれていきます。そうすると、初出勤で緊張していた新人さんの気持ちも徐々に和らいできて、リラックスした中で仕事を始めることができるのです。

〝ウェルカム〟を自ら経験するから、お客さまへの歓迎の心も生まれる

このように歓迎された新人さんは、不安が消えて「やる気」のスイッチが入るのはもちろん、歓迎された記憶が刻み込まれ、経営者や先輩に対する感謝が生まれます。さらには、次に入社してくる人にも自分と同じ体験を……という気持ちも芽生えます。

また、経営者や店長が、いくら「お客さまに気配りをしなさい」とか「大切な人だと思って接しなさい」と言ったとしても、自分自身にその経験がなければ、なかなか実行はできないものです。でも、入社初日にこのような経験をすることで、お客さまに対しても、自分がされたのと同じ〝ウェルカム〟の気持ちで接することができるようになります。

ここまで凝ったセレモニーは、ちょっとハードルが高いという場合は、例えば、スタッフ全員でウェルカムメッセージを書いた寄せ書きを用意するなど、もっとシンプルなものでも構いません。

大事なのは、「あなたが来てくれることを心待ちにしていたよ」という気持ちを伝えること。

そうすることで、新人さんは自分の居場所をお店の中に見つけることができます。「自分の居場所があるんだ」と実感できれば、無駄な力みも消え、安心して働きはじめることができます。

人が相手から受ける第一印象は、数ヵ月間は持続するといわれています。すなわち、新人さんとのコミュニケーションがまさに始まろうとする初出勤日を大切にしていくことは、その後の関係を良好に保ち、「やる気」のスイッチを入れるためにも重要です。

check!

「あなたの入社を皆で待っていました！」という歓迎の思いを形にして伝えることで、初出勤日の不安と緊張を解消し、さらにはお客さまへの「歓迎の心」を育みましょう。

motivation

2 失敗しても安心だと感じさせる

「失敗は成功の母」といわれますが、失敗を成功の糧とするためには、失敗を恐れずに進んでいける「場」をつくることが必要です。そして、このことは、経営者やマネージャーにとって、大変重要な仕事だといえるでしょう。

失敗で萎縮させないためには?

授業中、先生の質問に答えられなかった、あるいは、答えを間違えたところ、先生から叱られたり、クラスのみんなにからかわれて恥をかいたりした……。そんな経験をお持ちの方は、少なくないかと思います。私自身も、そういう苦い経験をたくさん持っています。

このように、皆の前で叱責されたり恥ずかしい思いをした場合、次からは「間違えたくない」という思いが強くなり、答えることに慎重になるばかりか、人によっては、自ら進んで発言することをやめてしまいます。さらには、この思いが後々までずっと尾を引けば、「失敗して恥をかくぐらいなら……」と挑戦を諦め、やる気を落とす原因となるのです。

一方、もし失敗しても叱られる心配がない、または、今のやり方がダメでも次の手があると分かれば、萎縮した気持ちは徐々に緩和され、行動が促進されていきます。

そこでおすすめなのが、スタッフが何かを始めようとする際に、あらかじめ行動の選択肢を複数用意しておくことです。

例えば、「A」のルートで進んでいたときに、途中で大きな壁にぶち当たったとします。もしこのとき、それを克服する術がなければ、それ以上前に進むことが困難となり、ゴールへの到達を諦めてしまいます。

でも、Aルート以外に、もう一つ、別の「B」というルートがあると分かっていれば、Aルートがダメでも、ゴールへ進もうとする行動は止まりません。

さらに、3つ目の「C」ルートの存在を事前に知っておけば、Bルートもダメだとしても、まだ道は残されていると思えます。

加えて、「この道しかない」と思い込んでいると、どうしても気負いすぎたり、焦ったり、視野が狭くなったりして、失敗してしまうものですが、複数のルートがあると分かれば、気持ちに余裕が生まれるので、ゴールに到達しやすくなるものです。

経営者・マネージャーも視野を広く持つ

このように、スタッフに何らかの行動を始めさせる前には、目的達成のための方法（ルート）を少なくとも3つ、できればそれ以上用意しておくことが大切です。選択肢が多ければ多いほど、安心感が高まり、リラックスして取り組むことができ、やる気もグンと上がります。

そして、そのためには、経営者やマネージャーも、複数のルートを事前に見つけられなくてはなりません。ありがちなのが、過去の成功体験にとらわれて、「同じようにしろ」とルートを押し付けてしまうこと。過去の方法が現在通用するとは限らないのはもちろん、失敗したときには〝共倒れ〟となり、やる気も業績も落ちてしまいます。

ただ、ルートが複数あることは示唆しても、その具体的な内容は教えなくてよいでしょう。「他にはどんな方法があると思う？」など、気付きを促す質問を投げ掛けることで、スタッフの視野が広がり、成長する上、「自分でルートを発見できた！」とやる気が高まっていきます。

成長させ、やる気を高める質問の方法は、74ページをご参照ください。

check!

失敗を「やる気」に変えるためには、経営者やマネジャーも複数のルートを見つけておくこと。

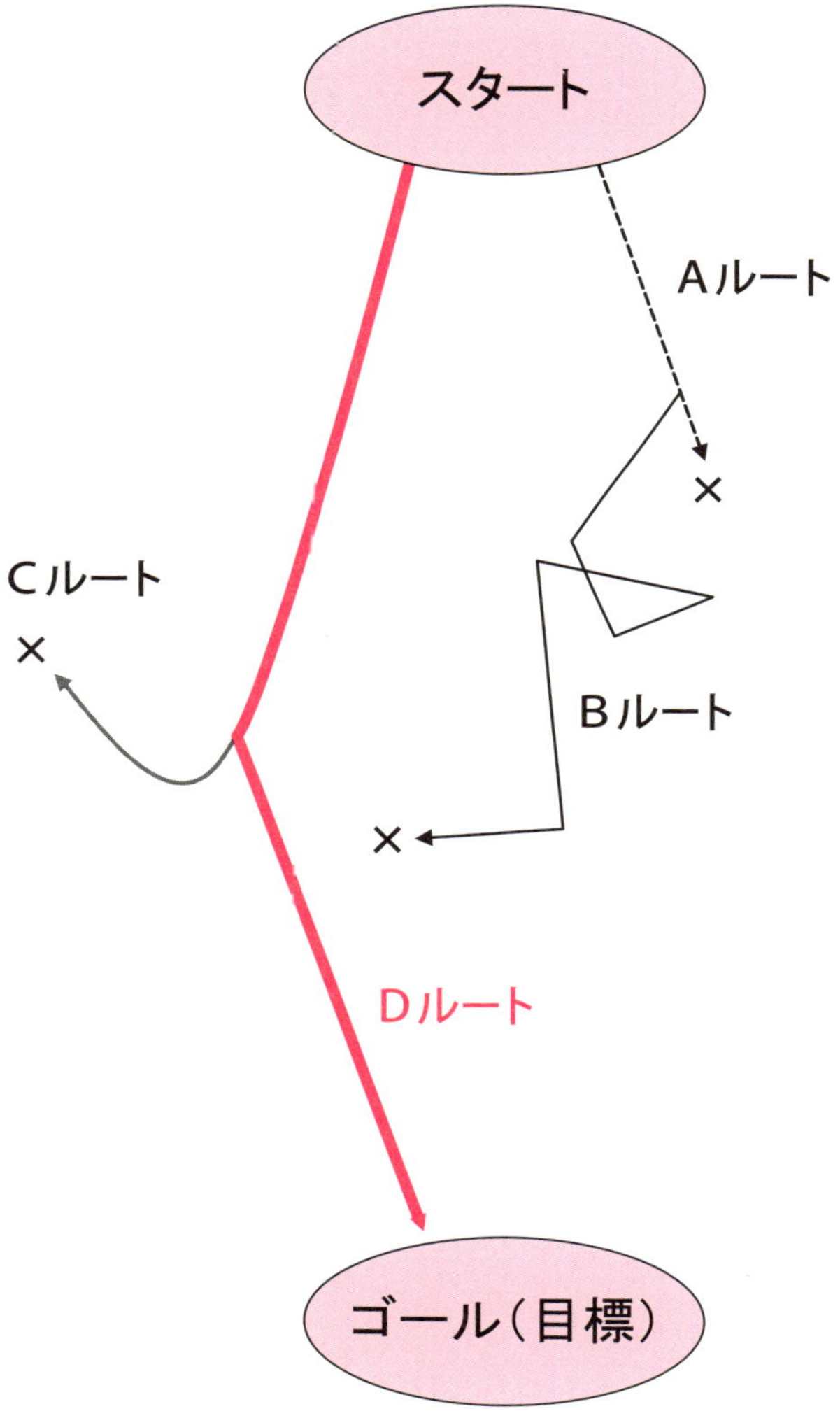

複数のルートがあると分かれば、たとえ1つのルートで失敗しても、次のルートを進もうとするやる気が生まれます。

motivation

3 一人ではないと実感させる

一人で行動していると、障害にぶち当たった際、辛く・キツく感じ、不安になります。こんな状態では、やる気のスイッチはオンにはなりません。また、その状態が続けば、やがて行動自体が止まってしまいます。

一方、自分と同じ道を、同じ方向に歩んでいく仲間が傍にいると分かれば、それが心の支えとなり、再び、前を向いて進んでいけるようになります。

壁に当たったスタッフには大勢の「伴走者」をつくる

スタッフが仕事の悩みや課題に出くわしたと感じたら、経営者やマネージャーから声を掛け、状況を把握しましょう。その上で、その障壁を乗り越えるための伴走者として、あなたも力を貸すことを提案してください。同時に、他のスタッフにも声を掛け、悩んでいるスタッフのサポーターとして協力するように促すことも大切です。

仲間の存在を感じれば、スタッフも不安な気持ちを拭い去ることができ、やる気のスイッチが再びオンになり、目標達成に向かって自ら動きだせるようになります。

現場リーダーの「孤独」を取り去る

こうしたことは、一般スタッフだけではありません。

現場のチームリーダーなどに抜擢したスタッフとも、できるだけ多く、個別で話し合う機会を設けるようにしましょう。

経営者やマネージャーであれば、肌身をもって感じることかと思いますが、組織や規模の大小にかかわらず、「リーダー」と名のつくポジションは、組織の中では孤独なものです。そして、チームリーダーとなるスタッフも、同様に孤独を感じている場合が多いのです。

チームリーダーは、その立場上、メンバーからはさまざまな相談を持ち掛けられます。しかし、自分自身の悩みや課題は、逆にメンバーへ打ち明け、相談できるかというと、なかなかできないものです。

悩みや課題を抱えたままで放置していると、それがストレスとなり、やる気が落ちていきます。結果、チームの士気が下がり、思ったような結果も出なくなってしまいます。

つまり、あなたのお店を繁盛店にするには、スタッフとリーダー双方の悩みや課題を、解決していかなくてはならないのです。

ですので、繰り返しますが、経営者やマネージャーは、チームリーダーとは特にコミュニケーションをしっかり取る「場」をつくり、その中で、抱えている悩みや問題、課題などについてじっくり耳を傾け、求められればアドバイスをしていくことが必要です。

そして、その場では、「あなたは決して一人ではない」「私はあなたの100%味方でいる」というメッセージを伝えていくことが大切です。

理想としては週1回、少なくとも1ヵ月に1回程度は、個別ミーティングを行なうことが望ましいでしょう。

チームリーダーがやる気を出して仕事に取り組んでいれば、その姿を見た他のスタッフも、影響を受けるものです。そうして、お店全体にやる気の輪が伝播し、繁盛店の基礎ができていきます。

コミュニケーションの取り方・深め方は、第3章（59ページ〜）をご参照ください。

check!

孤独は「やる気」を下げる主要因。仲間がいることに気付かせ、フォローし、コミュニケーションを深めることで孤独を取り去りましょう。

motivation

4 掟をつくる

「十人十色」というように、一人ひとりに個性があるのは当たり前ですし、その個性をつぶすようでは、やる気は落ちるばかりです。しかし、「個性のままに、好きなことをしていいよ」と指示しても、今度は逆に「何をしたらいいの?」と戸惑い、やる気が生まれないばかりか、業績も伸びません。大事なのは、個性を生かすための「場」のルールです。

一人ひとりが違うからこその「掟《おきて》マネジメント」

スタッフマネジメントをスムーズに行なうためには、採用後の教育と同等、もしくは、それ以上に、スタッフ採用にも注力すべきことを、私は事あるごとにお伝えしています(詳しくは、拙書『店長のための採る・育てる技術』をご参照ください)。

ただ、意中の人物像にピッタリ当てはまるような人に巡り合い、採用できるかというと、なかなか難しいのが実情かと思います。

なぜなら、人は皆、異なる環境で育ち、異なる経験をし、異なる価値観を持つからです。そうした微妙なズレは、同じ職場で、毎日のように顔を合わせていると、徐々にクローズアップされ、その結果、人間関係の亀裂へと発展することも珍しくありません。

また、仕事のやり方や取り組む姿勢、考え方などに関しても、小さなズレがあれば、組織がうまく機能しなくなる可能性が出てきます。

そこで必要なのが、組織の一員としてのあるべき姿、目指すべき状態を共有すること。

愛媛県今治市にある「こぐま小児歯科」（渡辺正知さん経営）では、同医院のスタッフとしてのあるべき姿をしっかりと明文化しています。

それは〝こぐまの掟〟と呼ばれており、同医院のメンバー（スタッフ）としての行動規範や考え方のよりどころとして活用されています。

スタッフのあるべき姿が明確になると、組織の中での自制力が養われます。例えば、誰かがあるべき姿から逸脱した行動を取った場合、掟があれば、他のスタッフもその掟をもとに指摘できるようになります。このやり方を私は「掟マネジメント」と呼んでいます。

「掟マネジメント」を行なうための前提条件は、「メンバーで居続けたいと思えるような組織・環境・場をつくること」。そうであれば、少々厳しい掟であっても、スタッフは決まりごとを守り、チームの一員であり続けることを望みます。

チームの掟をつくるには、まずは「あるべき姿」を具体的にリストアップすることから始めていきます。その際は経営者やマネージャーが一人で考えるのではなく、スタッフの意見を取り入れる場を設け、全員でつくり上げていくことが理想です。そうしてでき上がった掟は、自分たちで決めたものなので、自然とそれを守ろうという気持ちが働くようになるのです。また、掟を決めた後は放置することのないよう、事あるごとに掟の中身に触れていき、スタッフが常にそのことを意識できるようにしておくことが大切です。

例えば、1日1項目でよいので、朝礼などを利用して掟について取り上げ、考える時間を持つようにしたり、掟の項目を一つずつチェックし、自分がどれだけ「あるべき姿」に近づけているかをセルフチェックできる機会を設けたりしてもよいでしょう。

そして、このような掟が共有されることで、スタッフ間のズレやあつれきが緩和され、やる気を出しやすい環境が整っていくのです。

check!

「掟」を全員でつくり、明文化し、共有することが、やる気の土壌となります。

こぐまの掟

◇ 会社のためでなく自分が幸せになるために仕事をする
◇ 周りのチームメンバーに関心を持ち、信頼をもとに接する
◇ 指導してもらってできる→自分一人でできる→後輩を指導できる を目指す
◇ 後輩を育て成長させる仕事が一番価値の高い仕事と認識する
◇ 自分より社歴の浅いチームメンバーには､｢育てる｣という姿勢で接する
◇ 叱るときはきちんと相対面し、ノートを活用し、できるまで導く責任を持つ
◇ 仕事を依頼する時は、相手の気持ちを気づかう
◇ 依頼した仕事をしてくれたときにはきちんとお礼を言う
◇ わからないことは責任を持って分からないと言う
◇ 仕事を教えてもらう→「〝できるようになる〟責任」を持つ
◇ 自分で考え納得、理解して動く
◇ 情報の共有をチームワークの基本とする
◇ 仕事でミスをした場合には、必ず上司に報告する
◇ 仕事でミスをした場合には、チームメンバーに素直に謝罪する
◇ 謝罪は〝原因と対策〟を発表すること
◇ 失敗を成長のチャンスと捉えて、そこから学び、次に活かす
◇ 休むときは正しい連携を取り、堂々と休む
◇ 社会に対して「正しい」仕事をする
◇ 掟を守れてないときはメンバー同士がきちんと指摘し合う
◇ 仲良くするために、このバスに乗っているわけではないことを忘れない
◇ 私たちの売っている商品は何ですか？
◇ 利益は何のために追求しますか？
◇ こぐまが無くなって困るお客さんはいますか？

motivation

5 ここで働くメリットを感じさせる

会社やお店のビジョンを共有しながら業績を上げ、スタッフのやる気も育てるポイント。それは、各自の夢や欲求と仕事とをリンクさせ、「このお店で働くメリット」を感じてもらうことです。

理念は語るべきだが……

お店の理念やビジョンを全員で共有できれば、目標が明確化されるため、個々のスタッフのやる気も上がりやすくなりますし、同時に業績も上がっていきます。

ただ、いくら理念を熱く語り、業績を上げようと熱弁を振るっても、半分も伝わらず、むしろ引かれてしまいスタッフのやる気が落ちたなどと感じる方も多いのではないでしょうか。

この手の話がスタッフにピンと来づらいのは、**「お店の理念・ビジョン・業績」と「自分」との間に、距離を感じているから**です。

歩合の割合が大きければまだ伝わりやすいのですが、完全月給制、時給制、または歩合給の割合が小さい場合は、少々お店の売上が上下しても、自分の給料には直接影響がないため、「理念・ビジョンの共有→業績アップ→自己実現」という流れに現実味を感じづらいのです。

そんな状況を一変させる事例として、兵庫県芦屋市の鍼灸院、「ティズ鍼灸治療室」（辻本孝司さん経営）の取り組みを紹介しましょう。

ティズ鍼灸治療室では、お店のビジョンをスタッフに発表する際、必ずスタッフ各自のビジョンについても聞き出します。

ただ、若いスタッフにいきなり「あなたのビジョンは？」「仕事に対する目標は？」と尋ねても、きちんと語れる人は少ないでしょう。

そこで効果を発揮するのが「目標設定シート」。スタッフが短・中・長期に達成したいことを、シートにリストアップしていきます。

ここにはプライベートなことも入れてＯＫ。夢を書き出すと、自分の目標が明確になると同時に実現した自分の姿がイメージしやすくなり、ワクワクできるのです。

すると、

「夢に近づきたい」「早く達成したい」

という欲求が生まれ、やる気の動力源となります。

そして次に、「目標実現のためにお店を利用する」ことをスタッフに意識付けしました。
例えば、
「夏休みにハワイに行く」
という項目があったら、
ハワイに行くにはお金が必要
↓そのためには給料アップが必要
↓そのためにはお店の業績アップが必要
という具合に、夢とお店の業績アップをリンクさせるのです。
こうすることで、お店のビジョンや目標達成の意味がリアルに感じられるようになり、思いを共有でき、仕事へのやる気も高まったのです。

check!

お店を繁盛店にする必要性は、スタッフにはなかなか伝わりません。理念やビジョンの共有→業績アップ→自己実現という流れを実感させることが重要です。「目標設定シート」で個人の夢を明確化し、お店を通じての実現方法を伝えましょう。

目標設定シート

提出日　　年　月　日

______の

短期目標	今年中（　歳）までに実現したいこと		
中期目標	3年後（　歳）までに実現したいこと		
長期目標	10年後（　歳）までに実現したいこと		どれか一つに○
将来の夢	一生かけてやり遂げたいこと！		

1 ______（仕事面・経済面・家庭面・健康面・趣味面・その他 ______）

2 ______（仕事面・経済面・家庭面・健康面・趣味面・その他 ______）

3 ______（仕事面・経済面・家庭面・健康面・趣味面・その他 ______）

4 ______（仕事面・経済面・家庭面・健康面・趣味面・その他 ______）

5 ______（仕事面・経済面・家庭面・健康面・趣味面・その他 ______）

6 ______（仕事面・経済面・家庭面・健康面・趣味面・その他 ______）

7 ______（仕事面・経済面・家庭面・健康面・趣味面・その他 ______）

8 ______（仕事面・経済面・家庭面・健康面・趣味面・その他 ______）

9 ______（仕事面・経済面・家庭面・健康面・趣味面・その他 ______）

10 ______（仕事面・経済面・家庭面・健康面・趣味面・その他 ______）

11 ______（仕事面・経済面・家庭面・健康面・趣味面・その他 ______）

12 ______（仕事面・経済面・家庭面・健康面・趣味面・その他 ______）

13 ______（仕事面・経済面・家庭面・健康面・趣味面・その他 ______）

14 ______（仕事面・経済面・家庭面・健康面・趣味面・その他 ______）

15 ______（仕事面・経済面・家庭面・健康面・趣味面・その他 ______）

どれか一つに○

第3章
「コミュニケーション」でやる気スイッチを切り替える

やる気の高まるコミュニケーション、できていますか？

経営コーチという仕事柄、経営者の皆さんの前で講演することが多いのですが、その際、参加された方から、「従業員のモチベーションが上がらない……」「前触れなく、突然スタッフが辞めてしまう……」などという悩みをよくお聞きします。

そういった方に、「普段からしっかりスタッフとコミュニケーションを取っていますか？」と尋ねると、決まって「仕事中、手が空いたときなどに雑談をしているので、ちゃんとコミュニケーションは取れているはず」という答えが返ってきます。

経営者と普段から雑談できる関係がつくれているのは、とても良いことです。ただ、現場での会話だけでは、相手の本音を聞き出すことはできません。

例えば、スタッフが仕事上の壁に当たり、悩みを抱え、誰かに相談したいと思っていたとしても、現場で忙しく動き回っている経営者やマネージャーを呼び止め、自分の悩みを打ち明けられる人はごく少数でしょう。

また、営業時間外に話をする機会をつくっていた場合でも、陥ってしまいがちな失敗があります。それは、相手の悩みを聞かず、自分の話ばかりしてしまい、結果として自分だけがスッキリして、相手はむしろ不満を増幅させているというものです。

こうしたギャップに気付かず、コミュニケーションが取れていると思い込んでいると、スタッフはストレスを抱え続け、徐々にやる気が下がっていき、最後には突然の退職となってしまうのです。

◇

では、やる気が高まるコミュニケーションとは?

第3章では、このことに関して詳しくお伝えしていきますが、読み進めるに当たり、まず「コミュニケーションはキャッチボール」、しっかり相手の言葉と気持ちを受け止め、それを相手が受け取りやすいように投げ返すというイメージを持ってほしいと思います。

繁盛店の経営者やマネジャーは、やる気の高いスタッフを生み出すために、普段からこの「キャッチボール」を意識し、しっかりコミュニケーションを取っています。ぜひ、あなたのお店でも実践してください。

motivation

6 「聞く」だけでもスタッフのやる気が育つ

「聞く」ことの効果は、さまざまな情報を得るだけにとどまりません。「聞いてもらえた」という満足感を与えてやる気を高め、コミュニケーションを深めることも可能です。そのための「聞き方」をぜひ実践しましょう。

「聞く」とは相手の思いを受け止めること

コミュニケーションの視点から見た「聞く」とは、相手の言葉を通じ、考えや思いを受け止めること。

話し手目線でいえば、「私の思いを受け止めてもらえている」と実感できるよう接することがポイントです

その意味では、「聞く」というより「聴く」だともいえます。

さて、「聞く・聴く」効果とは、どういうものなのでしょうか?

そのことを考える際、ぜひ振り返っていただきたいのは、あなた自身の経験です。

例えば……、

悩みや不満を抱えていたとき、その内容を誰かに話しただけで、胸のつかえが取れて、すっきりした気分になったことはありませんか？

たまっていたストレスが消え去った、ということはありませんか？

アドバイスを受けたのでも、慰めてもらったのでもないのに、です。

この裏にあるのは、

「自分が悩み、もがいていることを知ってもらえた」

という思い。ただそれだけなのです。

逆に「聞いてもらえない」と感じれば、不満やストレスはたまる一方。やる気が落ちてしまいます。

「聞く」ことを通じてやる気を高めるポイントは、

柔らかな表情で「聞く姿勢」を保つこと

話に合わせて相づちを打ち、うなずき、「あなたの思いを受け取っているよ」というサインを出すこと

相手の思いや言いたいことを確認すること
沈黙を大切にすること
自分を主張しないこと
相手の話を遮らず、最後まで聞き切ること

の6つです。

この中でも、ぜひ心掛けていただきたいのは、

「自分の主張は脇に置き、あくまで『聞く』」

ということです。

確かに、話を聞いていれば、自分の考えやアイデアも浮かんでくるものです。その場で話したいという衝動にもかられることでしょうし、実際に話し始めてしまう方も多いかもしれません。

しかし、相手の話を遮って話をし始めてしまえば、話をしていた方は、

「聞いてもらえなかった」

という気持ちになり、話を続けようと思わなくなります。

ですので、このときに意識していただきたいのは、言葉の句点、

「。」まで、しっかり聴くこと。

自分の話をする際にも、相手の話を聞き切り、「。」で一段落ついたことを確認してから始めれば、「聞いてもらえた」という思いを持った上で、こちらの話も聞こうと思ってくれるようになります。

check!

相手の話を受け止め、聞き切ることも、立派なコミュニケーション。「話を聞いてもらえた」ことでスッキリし、やる気が上がっていきます。

motivation

7 伝わるように伝える

仕事に関する連絡・指示から、会社の理念・ビジョンまで、「伝える」コミュニケーションなしにお店は運営できません。あなたが伝えたいことは、本当に伝わっていますか？

「伝わらない」のは誰のせい？

伝えたい事柄をしっかり伝えて情報や思いを共有するのは、コミュニケーションの基本です。もし重要な連絡事項が伝わっていなければ、現場が混乱する上、お客さまからのクレームも増え、あっという間にスタッフのやる気が失われます。

また、理念やビジョンが伝わらなければ、お店の方向性がブレて業績も上がりません。

私の知る経営者に、いつも「自分の話をスタッフが分かってくれず、仕事が回らない」と悩んでいる人がいますが、「正しく伝える」ことは、それくらい難しく、経営者にとって重要な要素だといえます。

◇

では、なぜ正しく伝わらないのか？

その理由は、

「伝えたことに気付かれていない・忘れられた」か、

「伝えた内容が分かりづらい・誤って解釈されている」ことにあります。

まず、一度伝えたからといって、それで相手が全て理解したと思うのは早計。まして「伝えただろ!?」と怒るのは論外です。

一説では、4回同じことを伝えて、やっと相手に伝わるものといわれます。

おすすめは、書面にして伝えること。口頭だけよりも確実に伝わります。

最大の利点は、接客中でも、お客さまに迷惑をかけることなく、伝えたいタイミングを逃さず伝えられることにあります。

また、伝えた内容について、時折、

「あの件、何て言ったか覚えてる？」などと尋ねるのもよいでしょう。

正しく伝わっているか確認できる上、自分の言葉で言い直すことになるので、記憶に残りやすくなります。

そして、分かりやすく伝えること。

先述の経営者は、実は専門用語やカタカナ英語を多用しがちで、スタッフが理解できなかったのです。

相手が理解できる明確な言葉を使い、書面にする際は図表・写真なども用いると理解の助けになります。

「多めに」「早めに」

などといった、人によって基準の異なる言葉ではなく、

「100ミリリットル」「2日後までに」

のように数字を使うことも、あいまいさを排除できるため効果的です。

ツールも併用しよう

伝えるツールとして、連絡ノートを用意しているお店も多いと思いますが、ありがちなのが、最終更新日が半年前で、全く活用されていない「開かずの連絡ノート」。手に取り、開くというアクションは、案外面倒なのです。

おすすめしたいのは、連絡シートによる「張り出す回覧板」。

A4の用紙に、発信者・記入日・伝達事項を記入し、全員が必ず目にする場所へ掲示します。

このとき、回覧板のように既読チェックの欄を設ければ、誰が読んだかが一目で分かります。

また、連絡シートは誰でも情報発信ができることにしておき、スタッフがシートを掲示した場合は、経営者やマネージャー、リーダーなどが「よく気付きましたね」などと一言メッセージを入れると、簡単なコミュニケーションにもなります。

さらに、**ウェブツールを活用すれば、より効率よく情報が伝達できます。**フェイスブックやＬＩＮＥのグループ機能のように、参加メンバーだけ閲覧できる設定もあるので、社内連絡網として安心して利用できます。

スタッフが普段から利用しているウェブツールであれば、既読率が上がるのはもちろん、気軽に返信・コメントできるため、コミュニケーションも活発化します。

注意点は、内容を把握せずに「既読済み」とするスタッフが出てくること。伝達事項をきちんと把握しているか、先述と同様、抜き打ちで確認するとよいでしょう。

check!

分かりやすく、繰り返し伝え、さらに、正しく伝わるよう工夫しましょう。

motivation

8 じっくり話し合って互いの理解を深める

それぞれのスタッフの思いを深く知り、「やる気」のスイッチを入れるために欠かせないのが、1対1の個別ミーティングです。単なる雑談に終わらない、意味ある個別ミーティングを実施しましょう。

スタッフの表情がみるみる変わる！ 個別ミーティングは「演出」が命

個別ミーティングは、店内のコミュニケーションを充実させる上で不可欠です。

しかし、「時間が取れない」「不平・不満・ぐちを並べられるのが嫌」などの理由で、実施を避けている方は案外多いようです。

また、雑談の延長で終わってしまい、時間を無駄にしたという経験をお持ちの方もいらっしゃると思います。

そこで、雑談・ぐち大会にしないための「5W1H」を紹介していきましょう。

【Why：なぜ面談するのか?】

いきなり、理由も伝えずに個別ミーティングを行なうと、スタッフは「何を言われるのか?」「叱られるのではないか?」と不安な気持ちで面談を受けることになります。まず行なうべきことは、「なぜミーティングするのか?」という目的を、事前に伝えておくことです。そうすれば、スタッフは、身構えることなく、リラックスした状態で臨めるようになります。

【Who：誰と面談するのか?】

仕事に対する取り組み方や業績などを見て、必要と思える相手に対してだけ実施するという場合は、ミーティングの対象者が一部の人に限られてしまいがちです。

経営者やマネージャーの視点からは「問題なし」と見えていても、本人の中では大きな壁にぶち当たっているというケースも少なくありません。ですので、全員と話す機会がつくれるように、スケジュールを組むことが必要です。また、正社員、パート、アルバイトなどといった分け隔てはせず、全てのスタッフと個別ミーティングすることをおすすめします。

【When：いつ面談するのか?】

「経営者やマネージャーの手が空いたときに」「お店が暇になったときに」行なうというの

では、いつまでたっても実施できません。少なくとも月に1回、できれば2週間に1回程度実施すると効果的です。遅くとも、前月の段階で各自のミーティングの日程を決定し、お互いに最優先の業務であることを意識して、他のスケジュールを入れないようにします。

【Where：どこで話すのか?】

個別ミーティングをきちんと行なうには、話すことだけに集中できる環境を整えることが大切です。その場所としては、「近場のカフェ」「ホテルのロビー」など、店から少し離れた、静かで落ち着ける場所が理想です。

また、実施の際は、各自の携帯電話の電源をオフにしておきましょう。

【How：どのように面談するのか?】

スタッフが事前準備を行なうことで、個別ミーティングの時間をより有効に活用することができます。

その場で話すことを、ミーティング開始前までに各自でまとめる機会を設けます。その際、「前回のミーティングから今までの行動・結果」「抱えている課題や悩み」「ミーティングの中で取り扱いたいテーマ」を紙に書き出して、提出してもらうことをおすすめします。

前回からその日までに行なってきたことを記入しておくと、自分自身の行動を振り返る貴重な機会となります。また、現在抱えている課題や問題が洗い出されるので、自らの現状を客観的に見つめることもできます。こうやってまとめていくうちに、悩み解決の糸口を自分で見つけることができたというケースも少なからずあるほどです。

【What：何を話すのか？】

ミーティングで話す内容は、仕事に関することに限定せず、自由に決めてもらいましょう。例えば、プライベートで起こったこと、家庭のこと、友人や恋人との人間関係などがテーマとなってもよいのです。仕事とプライベートは密接に関係しており、どちらかがうまくいかなければ、もう一方に大きな影響が出てくるからです。

個別ミーティングを通じ、スタッフの心のバランスを整えることは、大切な目的の一つとなります。

check!

個別ミーティングは、スタッフのやる気を高める重要な時間です。目的は、お店の業績アップ。「5W1H」で準備をすれば、無理なく、無駄なく、効率よく実施することが可能です。最優先の業務として、定期的に実施することをおすすめします。

motivation

9 一緒に食事してやる気をアップ

スタッフと1対1で話す機会を設けていますか？　会話はモチベーションアップの基本中の基本。前ページでは、個別ミーティングをおすすめしていますが、「その時間も取れない」と嘆くあなたにおすすめなのが、食事時間の活用です。

やる気アップのチャンスは1日3回！

一日の仕事の中で、食事をする機会はどれくらいあるでしょうか？
混雑の状況にも左右されるでしょうが、おおむね、

昼食休憩（ランチタイム）
仕事の切れ目など（おやつタイム）
終業後（ディナータイム）

と、1日に3回ぐらいは食事の時間があると思います。

こういったとき、経営者やマネージャーがスタッフを食事に誘い、一緒にご飯を食べにいく

と、スタッフは、上司が思う以上にやる気を出してくれます。

言い換えると、

「食事を通して1日に3人のスタッフのモチベーションを高めるチャンスがある」

と考えることもできるでしょう。

具体的には、食事の機会を利用して個別ミーティング（詳細は70ページをご参照ください）を行なうのですが、この場合、大きなメリットが生まれます。

それは、わざわざ宣言するまでもなく、「雑談OK」の空気がつくられるということ。ご飯を食べながらですから、そんなに堅苦しい話はできませんし、終業後でお酒が入ったら、もっとくだけた感じになりますよね。つまり、リラックスしてお互い会話ができ、かつ、深くコミュニケーションを取ることができるのです。

また、こういう場では、スタッフも本音を出しやすくなりますし、聞く側もじっくり耳を傾けることができます。そうすれば、スタッフも「しっかり聞いてもらえた」という気持ちになり、モチベーションも高まるのです。

スタッフとなかなか話せていないな……と思ったら、ぜひスタッフに時間を合わせて食事に誘ってみてください。きっと目の色が変わりますよ。

「オーナーとのデート」で楽しんでもらう

もう少し時間が取れるのであれば、おすすめしたいのが、大阪府箕面市のスイーツショップ「ワイスタイル」（横山由樹さん経営）で取り組んでいる「オーナーとのデート」です。

これは、1ヵ月に1回程度、スタッフが順番に、自分が行きたいレストランやカフェなどをオーナーである横山さんにリクエストし、出かけるというもの。横山さんはそのお店を予約し、車を飛ばして、二人で食事をします。

すてきな音楽を聴きながらドライブを楽しみ、その後、自分の行きたいと思っていた店で、おいしい料理やスイーツを食べながら会話をすることになるので、リラックスした状態で話をすることができます。

そうなると、普段は自分の思いを伝えることが苦手なスタッフであったとしても、そういう雰囲気であれば、徐々に本音を語り始めるようになります。

「自分の思いを伝えることができた」ということだけでも、スタッフ自身の気持ちが晴れ、悩みが軽減されていくものです。

そして、スタッフの話を聞いていく中で、悩みごとや負担に感じていることがあると分かったら、そのことをしっかりと受け止め、対処しています。

横山さんとの「デート」を終えたスタッフは、皆、翌日から目を輝かせて、より生き生きした状態で仕事に励むようになるとのこと。

デートの費用は全て横山さん持ちとなるので、今では、スタッフは自分のデートの順番が来るのを心待ちにしているとお聞きしています。

check!

食事は全員がするもの。この時間を利用してコミュニケーションをとりましょう。食事に誘ってもらったスタッフは、上司が思う以上にやる気を高めてくれます。本音を聞きやすいことも大きなメリットです。

motivation

10 やる気を導く「質問」の力

質問は、自分が知りたい情報を得るためだけのものではありません。上手に質問すれば、気付きと自発的な行動を促し、やる気を高めることができます。

質問＝意思疎通×気付き×やる気アップ

「やる気が落ちたスタッフには、いくら激励し、アドバイスしても、一向に響かない」という経験はありませんか？

そんなスタッフへの対処法としておすすめなのが、「気付きをもたらす質問」を軸としたコミュニケーションです。

気付きをもたらす質問とは？

例えば、「今、どんな花が咲いてる？」と質問されたら、春なら桜、夏なら朝顔……などと答えますよね。すると同時に、質問された人は、「今、そういえば桜（朝顔）が咲く季節になったんだ」と気付くことができます。

このように、質問とは、質問者がその答えを得るだけでなく、質問された側も、質問の内容にまつわる気付きを得ることができるのです。

人は、指示・命令されると、抵抗感を持ちやすいものですが、自分で気付き、やりたいと思ったことに関しては、周りがあれこれ言わずとも進んで行動するものです。

つまり、「気付きをもたらす質問」によって、スタッフのやる気は自然に高まっていきます。

具体的には、

①現状を明確にする
②ゴールを明確にする
③障害を明らかにする
④障害の克服法を考えさせる
⑤行動を促す
⑥結果を検証する

という6ステップで時間をかけて質問を重ね、一歩ずつ気付きを導くとよいでしょう。

なお、このとき、相手から求められればアドバイスをしてもよいですが、最小限にとどめておくべきです。

そして、最終的には、そのスタッフが「自分の力でこんなにできるんだ！」と自信を持つようになれば、大成功です。

さて、⑥で結果を検証した際、こちらが思ったほどに成果が上がっていない、もしくは、そもそも行動していない、という場合もあります。

そんなときに「なぜ成果が上がらないのか？」「何でやらないのか？」など、相手に詰め寄ることは避けましょう。

そうではなく、「どうすれば成果を上げることができるだろうか？」など、前向きに考えていけるような質問を投げ掛けることが必要です。

スタッフの心に、もう一度やる気の火を灯すには、手を差し出すのでも、押し付けるのでもなく、質問によってスタッフにじっくりと考える時間を与え、自らやるべきことを見つけ出せるようなくせをつけることが大切なのです。

check!

「気付きをもたらす質問」を出すことで、自発的に行動する、やる気にあふれたスタッフが育ちます。そして、スタッフが自力で出した答えは尊重しましょう。

「気付きをもたらす質問」６つのステップ

①現状を明確にする質問
（例）現状を詳しく話してみて？
→現状が分かる

②ゴールを明確にする質問
（例）現状をどう変えて理想をかなえたい？
→目標が分かる

③障害を明らかにする質問
（例）理想と現実の間にどんな障害・ギャップがある？
→課題が分かる

④障害の克服法を考えさせる質問
（例）障害を乗り越えるためには何が必要だろう？
→やるべきことが分かる

⑤行動を促す
（例）いつから始めようか？
→やるタイミングが分かる

⑥結果を検証する
（例）行動した結果はどうだった？
→結果・成果が分かり、自信とやる気がつく！

motivation

11 褒めたい相手を知って、上手に褒める

褒めて、やる気が高まり、また成績が上がり、褒めて……。こんなキャッチボールが理想ですが、「褒めても反応が薄い」「むしろ引かれた」など、褒めるのが苦手という人も多いものです。その悩みの解消法は、実はお店が日常的に行なっていることにあります。

ねぎらい、褒める第一歩は、「記録」すること

成績が上がったスタッフを褒めたのに、笑顔も見せず立ち去ってしまった。

スタッフを表彰する場を設けたが、盛り上がったのは自分だけ。しらけたムードが……。

こんなことが何度か続いたら、褒めたり、ねぎらったりする気持ちはしおれてしまいます。

では、褒めてもおだてても響かないスタッフの「やる気スイッチ」は、どうすればオンに切り替えることができるのでしょうか？

そのために、まず取り組んでほしいのは、スタッフをよく知り、理解を深めることです。

◇

ところで、実はあなたのお店でも、「相手をよく知り、理解を深める」ための取り組みはすでに実践されているはずです。

それは顧客情報の記録。

美容室なら、髪質や骨格、施術内容、会話から気付いた顧客の好みなどを、顧客カルテに、飲食店なら、注文履歴や、来店日時、人数などを、伝票やＰＯＳに、それぞれ記録・蓄積していると思います。これらは、お客さまとスムーズなコミュニケーションを取り、最適なサービスを提供するための重要な情報源となっていることでしょう。

そこで、顧客情報の記録と同じことを、スタッフに対しても応用します。

題して「スタッフ情報カルテ」。

具体的には「誕生日」「趣味」「好きな食べ物」「今、最も興味のあること」「将来の夢」など、スタッフの情報を記録し、スタッフマネジメントのデータベースとして活用するのです。

こうした内容は、普段のちょっとした会話の中で話しているはずですから、その都度書き込み、または思い出して、例えば、カルテに書かれた「好きな食べ物」を、努力をねぎらうときや、誕生日などにプレゼントする、といったこともできるでしょう。

また、普段の営業中に気付いたことや仕事ぶりなどを書き留めておけば、個別ミーティングのときに、そのことを細かくフィードバックできます。

そして、スタッフカルテにぜひ盛り込んでほしい項目があります。それは、「一番喜ぶ褒め言葉」。

褒められてうれしいと感じることには個人差があります。

AさんとBさんが、同じように優秀な成績を残したとします。このときに、例えば、その「結果」に対して「よく売上を伸ばしたね！」などと2人を同じように褒めたたえたとしても、「Aさんはとてもうれしそうにしているが、Bさんはそうでもないそぶりをしている」ということがあります。その理由は、Bさんは「結果」に対してではなく、「その結果を生み出した『プロセス』について褒められるとうれしい」と感じるタイプだったから。こんな事例は、意外に多く見かけるものです。

ですので、こういった場合、Aさんとは別に、Bさんに対しては、

「今回の成績が出せたのは、Bさんが、お客さまにお礼状を書いたり、メールを送っていたりしたからだね！」

という具合に、努力している過程についてクローズアップして褒めると、Bさんの心に響くのです。

このように、各自の「褒めツボ」をきちんと押さえた上で、タイミングよく褒めれば、

「自分のことをちゃんと理解してくれている」と、経営者やマネージャーに対して、信頼を置くようになります。すると、スタッフのやる気もアップし、マネジメントも円滑に進むのです。

この「褒めツボ」こそが、「やる気スイッチ」の一つなのです。

check!

顧客とのコミュニケーションを深めるために行なっていることを、スタッフとのコミュニケーションにも応用し、各人の「褒めツボ」を押さえて褒めよう！

motivation

12 褒められないなら「承認」しよう

前のページでは、「褒める」コミュニケーションについてお伝えしましたが、実は現実的には、褒めることって、案外難しいものです。そこでお伝えしたいのが、「承認する」ことによるコミュニケーションです。

褒めるチャンスは案外少ない

私が以前、アパレル企業で店長をしていたときに、上司からよく「人材は褒めて育てるもの。部下をしっかり褒めなさい」と言われていました。

でも、毎日お店で顔を合わせているスタッフをいざ褒めようとすると、良い部分よりもミスや不出来な部分の方が目についてしまい、褒めることがなかなかできません。

また、あなたも感じていると思いますが、そもそも褒めるチャンス自体、それほど多くはないのです。

あなたを認めているという思いを伝える

褒める部分がなかなか見出せないスタッフには、褒めるよりも、もっと手軽に行なえる「承認」をおすすめします。

承認とは、相手の存在自体を認めることです。

例えば、任せた業務を終えたスタッフに、「おつかれさま」とねぎらいの言葉を掛けること、体調が優れず元気のないスタッフに、「大丈夫?」と心配して声を掛けること、抱えている業務が多く、残業が続いているスタッフに、「何か手伝おうか?」と手を差し伸べること……など。これらは全て「承認」です。

大阪府で旅館業を営む私の友人は、業務を終えたスタッフに「おつかれさま、今日はありがとう!」と、ねぎらいと感謝の気持ちを合わせて伝えるようにしています。これは、スタッフの心に響く、すてきな承認メッセージだと思います。

また、「褒める」も承認の一要素なのですが、私としては、最上級の承認であると捉えています。いきなり〝上級編〟に挑戦するのではなく、もっと簡単なところから始めたとしても、スタッフは「認められた」「次も頑張ろう!」と思え、やる気が出るのです。

要は「私はあなたを認めています」「ちゃんと見ていますよ」ということを言葉や態度を通

じて伝えていくということです。

とはいえ、面と向かってとなると、互いに照れてしまい、うまく伝えられない場合もあります。そういうときは手紙やメッセージカードなどのツールを使うのも有効です。

次ページの写真は、前出の美容室「アンドゥドゥ」・林 宏貴さんが実践している、「ねぎらいの一筆箋」です。3行程度のメッセージが書き込める一筆箋に、スタッフへのねぎらいのメッセージを書き、給料袋と一緒に手渡しています。このような、ちょっとした承認のメッセージだけでも、やる気アップにつながります。

check!

「あなたを認めています」という思いを、さまざまなツールを通じて、なるべく小まめに伝えていきましょう。

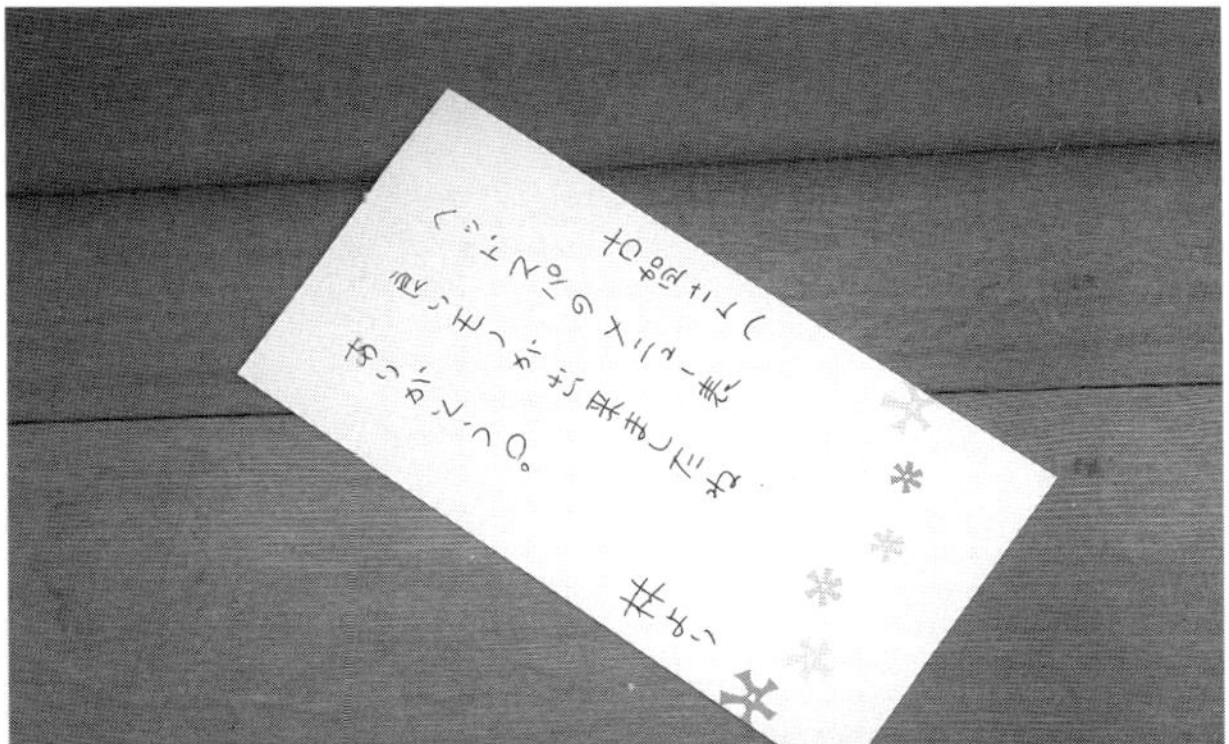

ねぎらいの心を示す一筆箋

motivation

13 「叱る」ことでやる気を高める

「褒める」「承認する」と違って、「叱る」は相手の意に沿わないことを伝えるわけですから、叱ることを不得意としている方も多いと思います。しかし、叱るべきことを叱らずに放置していては、まず周囲のスタッフのやる気が失われ、次にお店全体の業績も落ち込んでしまいます。上手な叱り方を身に付けましょう。

「叱る」と「怒る」は別物と理解する

最近、叱れない経営者やマネージャーが増えていると聞きます。

お店の中で、嫌な気持ちになることなく、皆が心地よい環境で仕事ができるに越したことはありません。また、叱ることで自分自身が周囲から煙たがられるようなことにもなりたくないでしょう。ですので、できればスタッフに対して叱責などしたくないと考えるのは、ごく普通のことです。

そうかといって、本来キチンと注意をしなければならないときに、「こんなことを言ったらやる気が下がり、辞めてしまわないか?」「嫌われるのではないか?」と思い、見て見ぬふりをする「事なかれ主義」に陥ってしまうのはよくありません。

好かれようと思うばかりに、顔色をうかがって行動すべきではありません。スタッフに対して気配りはしても、気を使ってはいけません。

もちろん、叱ったときには波風は立ちます。でも、**叱る意味や目的をキチンと伝えれば、叱られることを受け入れられるスタッフは思いのほか多いものです。**

経営者やマネージャーが肝心なときに叱れないとなると、マネジメントが機能せず、現場がうまく回らなくなります。時として、心を鬼にし、スタッフに雷を落とさなければならない場面も出てきます。

その際に注意しなければならないことは、「叱る」と「怒る」を混同しないことです。

お恥ずかしい話ですが、私も以前は感情を抑えきれず、スタッフに怒りをぶつけてどなり散らしていた時期がありました。でも、そんなことを続けても、現状は何も変わることはありませんでした。

それどころか、退職者が続出して現場が回らない状況に陥ることもしばしばありました。

「怒る」とは、自分の感情の高ぶりを抑えるために行なうもので、「叱る」の目的は相手への教育、指導、気付きをもたらすことです。

ですので、叱ることは悪ではなく、「相手を成長させる一つの方法」なのです。スタッフを叱ることが苦手とお感じの方は、まずこのことを、理解することが大切です。

パワーハラスメント（パワハラ）にならない叱り方

バス会社の社員研修を行なった際、中間管理職の方から、「部下からパワーハラスメントで訴えられるのが怖いので、注意することをためらってしまう。どう叱ればよいのか分からないので教えてほしい」という相談を受けたことがあります。

その際、私がお答えしたのは、叱り方の具体的なノウハウではなく、「叱る前に部下との人間関係を良好なものにすることが最も大切だ」ということです。

今日会ったばかりの人から、突然「そんなやり方ではダメだ！」と叱責されたとしたら、どんな気持ちになるでしょうか？　素性がよく分からず、人間関係ができていない人物から叱られたら、冷静に受け止めることはできません。「何も知らないのに、いきなり何を言っているんだ！」と反感を持つことになります。

逆に、人間的に尊敬できると思っている大好きな先輩から、同じように叱られた場合は、素直に自分の非を認め、心を改めようと思えます。

世の中で、パワーハラスメントとして問題になるのは、人間関係ができていない上司と部下の間で起こっている場合が大半なのです。

普段からコミュニケーションをしっかりと取り、「この人だったら叱られてもいい」と思われる存在になることができていれば、少々きついことを言われたとしても、「自分のことを考えてくれているから叱られている」と思えるので、それをパワーハラスメントと捉える人はいないはずです。

スタッフとそうした関係を築くためには、自分自身がレベルアップを常に意識し、自らが成長して、スタッフから尊敬される存在になることが必要なのです。

そういう人から叱られると、やる気は下がるどころか逆に高まるものです。

check!

「怒る」のではなく「叱る」。叱る相手との人間関係を築いた上で、相手の成長を促すのだと意識して叱りましょう。

第4章
「成果・成功」でやる気が湧いてくる

やる気を維持するためには成果が必要

本気で「やりたい！」と思うことに取り組んでいたところ、気付けば食事を取るのも忘れて何時間も没頭していた……という経験をお持ちではないでしょうか？

また、心から「欲しい！」と思ったモノ・コトを見つけ、どうすれば入手できるのかを熱心に調査し、行動したこともあるのではないでしょうか？

このように、人は自ら「やりたい！」と思えたことは、誰からの指示を受けなくても、やる気を上げ、行動します。

このことは、仕事においても同じです。しかしながら、日々の業務をこなしていく中では、つらいことや面倒ごともあれば、お客さまからのクレーム、仕事のミスなどもあり、ずっと同じモチベーションを維持できるケースは少ないといえます。

例えば、「薄着や水着になる夏までにはスタイルが良いと思われたい！」「できれば異性にモテたい！」と思えば、ダイエットを始めたり、スポーツジムに通ったり、ジョギングをしてみたり……と行動するものですが、実際にやってみて、それが苦しかったり、つらかったりすれば、途中で投げ出してしまいまいがちですよね。それと同じです。

では、途中で投げ出すことなく、やる気を保ち続けるには、どうしたらよいでしょうか？

それは、「継続することで得られるメリットがたくさんある」と感じること。そして、「徐々にでも成果が出ている」と実感できることです。「体重を10キロ落とすこと」が目標だとして、5キロ落ちたときに「ちょっとやせてきたよね？」「引き締まって見えるよ」などと声を掛けられれば、成果を実感できる上、「目標を達成した自分」が見えてくるため、さらにやる気が高まっていくものです。

こうしたことは、スタッフマネジメントにも応用できます。

具体的には、スタッフにとって、目標を達成したときのメリットを軸に、「本気でこうなりたい！」と思える状態を明確にすること。次に、途中途中で、「目標に向けて進めている」という成功体験を実感してもらうことです。そうすれば、自然と「やりたい！」というモチベーションも維持されます。

そして、やる気をもとにスタッフが着実に成長していけば、それは当然、お店の繁盛につながっていくわけです。

このような、「成果・成功」をもとにスタッフのやる気を高めていくノウハウを、この章でお伝えしていきます。

motivation

14 やる気を高める仕事の任せ方

「自分でやった方が格段に早いしうまくいく」「人に任せるのは不安」とばかり、仕事や権限を一人で抱え込んでいたり、「面倒なことはごめん」と、仕事を無計画・無責任に押し付けたりしていませんか?「任せ上手」になってスタッフのやる気を高めるために必要な、2つの心構えをお伝えします。

仕事を任せればスタッフもお店も成長軌道に乗る

重要な仕事を任せられたスタッフは、そのことが強いモチベーションとなり、成長速度がグンと加速していきます。ただ、任せ方次第では、逆にやる気を失ってしまうケースも少なからず見受けられます。実際、経営コーチをしていても、「どうやって仕事を任せればいいのか?」「任せるのって難しいよなぁ」と相談を受ける機会が多くあります。

【ポイント1　任せる相手を慎重に選ぶ】

自分の実力とあまりにもかけ離れたことを任せられたら、大きなプレッシャーを感じ、身動きが取れなくなってしまいます。例えば、勤務は真面目で仕事もでき、やる気もあると判断して、店長に任命したら、その途端にやる気を失った……という話は珍しくありません。一般スタッフとしての仕事が全てこなせるからといって、すぐさま店長としてマネジメントや部下の育成ができるかといえば、そうではないケースも多いのです。

こういった仕事を、何の準備もなしに任せられると、困惑し、今までのようにやる気を出して働くことができなくなり、結果として退職してしまいかねません。

このような事態を防ぐためには、その仕事を任せられるだけの力が備わっているかどうか、慎重に検討することが大事です。

もし、そういう人材が不在であれば、仕事を無理に任せるのではなく、力を付けるための教育が、順番としては先になります。

【ポイント2　仕事を任せきる】

口では仕事を任せたと言いながら、重要な場面では自分で指示・命令してしまっては、本当の意味で仕事を任せたことにはなりません。ひとたび任せた仕事については、あれこれ口を出さず、最後まで任せきりましょう。

ただし、「任せる」と「放置する」は違います。仕事の進捗状況や途中経過などの報告を受け、現状をきちんと把握・共有しましょう。また、スタッフが壁に当たっていたら、アドバイスなどで全面的にサポートしていくことも必要です。こういったフォローにより、任せられたスタッフも安心して仕事に取り組めるようになります。

しかしながら、重要な場面での判断を尋ねてきた場合は、**「自ら決断すべし」と諭します。**そうしないと、いつまでも上司に判断を委ねてしまい、成長は望めません。

仕事の途中経過が思わしくない場合も、命令・介入ではなく、助言・教育にとどめるべきですが、それでもうまくいかない場合は、**そもそも人選を誤っているのが原因です。**そして、その責任は、仕事をしたスタッフではなく、そのスタッフを選んだ経営者やマネージャー自身にあります。「あいつはダメだ」と切り捨てるなどもっての外。**指導・教育し直し、再チャンスを与える**ことで、そのスタッフも改めてやる気が高まっていきます。

check!

経営者やマネージャーの仕事は「スタッフの力量を見極め、助言・指導しながら、仕事を任せきる」こと。結果の責任は自らが持ち、スタッフを育てながら業績を伸ばしていきましょう。

motivation

15 ハードルを下げ、徐々に上げていく

美容やダイエット関連商品のキャッチコピーを見ると、だいたいは「楽にできる」「すぐにできる」「誰でもできる」「寝ているだけで……」などとうたっています。「この商品を手に入れたら、簡単にきれいになれる」「誰でもやせられるなら、私にも」と思えるため、商品購入の動機になるわけです。この心理を「やる気アップ」にも応用しましょう。

「簡単」ならやる気になれる

人は、時間・手間・コストがかからず簡単にできると思えたとき、行動を始める心理的ハードルが下がり、「やってみよう!」と思える一方、難しい・面倒そう、あるいは、簡単か難しいかが分からない、といったときには、ハードルが一気に上がってしまいます。

これは、仕事でも同じことがいえます。

例えば、初めて担当する業務などは、「自分の力量でちゃんとこなせるのだろうか?」と不

安になりがちです。でも、自分と同じレベル、もしくは、自分より経験の浅い後輩スタッフが、楽に仕事をこなしているのを間近で見たならば、どうでしょう。「案外、簡単にできるのでは」と思えるので、そのことに取り組む意欲も湧きやすくなります。

また、仕事の進め方として、難しいものから先に片付けるという方法があります。

しかし、初めから難しい仕事に取り組むと、思ったように進まないとき、やる気が徐々に低下し、簡単にできるはずのことまで滞ってしまいます。すると、手つかずのことがたまっていくわけですから、それがまたストレスとなり、最後にはやる気のスイッチが切れてしまいます。

そこで、おすすめしているのは、すぐにできること、簡単にできることを、スピーディーに完了させてから、徐々に難易度の高い仕事に挑戦する、というやり方です。

簡単な仕事を次々にこなしていけば、やるべきことがどんどん減るのと同時に、「仕事もバンバンこなしていける」というイメージを持つことができるため、自信とやる気がつき、さらに仕事の速度が上がっていきます。

こうして勢いがついていけば、多少難易度が高いことでも、今度は高いハードルだと感じなくなり、結果、難しいことも楽にクリアできるようになります。

ゲーム感覚でやる気アップ！

人は、取り組んだことがうまくいくと喜びを感じ、さらに達成感を味わうために、その行動を続け、より高度なことにチャレンジしようと意欲を湧き立てます。コンピューターゲームなどにハマッてしまう人が多いのは、小さく簡単な達成感を次々に用意し、徐々にハードルを上げていくというように、ゲームをデザインしているためです。

この心理的な仕組みを仕事の中に取り入れて、スタッフのやる気アップを促す方法を「ゲーミフィケーション」と呼びます。具体的に言えば、普段の業務の中に達成感を味わえる仕掛けを仕込んでおき、それをクリアしていくことで、喜びを感じるようにしていくのです。

50ページでも紹介した「こぐま小児歯科」では、ゲーミフィケーションをうまく活用し、スタッフのやる気に火をつけています。

一日の仕事を終えた際、各スタッフに「今日は仕事がうまくいったと思えた」なら挙手してもらい、挙手が半数を超えたら「勝ち」、半数以下なら「負け」とし、星取表をつけています。

これを何日か続けると、勝敗の分かれ目と患者さんの来院数に相関関係があることに気付きます。一日の来院数が80人未満であれば、問題なく業務が進むけれど、80人を超えると一気にオペレーションが崩れ、挙手するスタッフが減り、「負け」になっていたのです。こうして、

「勝敗」にボーダーラインがあることをスタッフが自ら理解していきました。

歯科医院は、急患以外は事前予約が入っているため、朝礼時には、当日の来院数がある程度分かります。仮に90人の予約が入っていたならば、実力以上のオペレーション力が必要だと分かるので、**より効率よく、スムーズに仕事をするための方法を各自が進んで考え、準備を始めます。**

同院長の渡辺正知さんは、「スタッフは、スポーツの試合で世界ランク下位のチームが上位チームに競り勝った時のような達成感を味わっているようです。また、『次は100人を超えても勝てるようにしたいね』などとスタッフ同士で楽しそうに話す声も聞くようになりました。星取表に『勝』の数が増えていくのも、自信をもって仕事に取り組むことにつながっています」と話してくださいました。

このように、**ゲーミフィケーションの仕掛けをうまく取り入れることで、やる気とスキルと成果が同時に上がり、さらにチームとしてのまとまりもつくることができるのです。**


check!

最初はハードルを下げて簡単だと思わせ、達成感を得やすくしましょう。そうして勢いがついたら、徐々にハードルを上げていきましょう。

motivation

16 仕事への集中力を高める

業務効率がアップし、仕事が早く進むと、業績が上がるのはもちろん、そのこと自体がやる気を高め、また業績が上がってきます。ここでは、そんな好循環をつくり出すマネジメントのヒントをお伝えします。

集中力を「ゾーン」に入れるには?

野球選手なら「ボールが止まって見えた」、ゴルファーなら「カップがバケツのように見えた」といったコメントをすることがあります。これは、「ゾーンに入る」などと呼ばれており、極限まで集中力が高まったときに感じ得ることです。

仕事でも、「ゾーン」に入り、業務が普段以上にはかどって、「自分はこんなにできるんだ!」と驚きつつも、自信を持ったことはないでしょうか?

さて、「ゾーン」まではいかなくとも、スタッフの集中力を高め、仕事の質を上げることができれば、業績が上がり、スタッフも自信をつけてやる気を高めていきます。

その成功例が、大阪府三島郡のマッサージ専門店「癒しサロン・せんな」（山川　聡さん経営）での取り組みです。

「せんな」では、山川さんも自ら施術を行なっているため、スタッフの出・退勤時に山川さんが接客していると、朝・終礼ができませんでした。そこで、以前から「朝礼・終礼ノート」を用意し、「その日に取り組む仕事」「収穫のあったこと」「気付いたこと（発見）」の３項目を勤務前後に記入してもらっていたのですが、このノートをリニューアルしたところ、スタッフの仕事の質が高まったそうです。

リニューアルでは、前述の項目に加え、行なうべき仕事の内容を細かくリストアップし、その行動を終礼時に、スタッフ自らが詳しく検証できるよう、書式を変更しました。

まず出勤時に、「その日に取り組む仕事（タスク）」を、「基本業務」と「目標業務」に分けてリストアップし、それぞれ優先順位を付けます。順位を付けたことで、何から手を付けなければならないかが把握でき、仕事のムラやムダを排除できるようになりました。

次に、各タスクには、業務を完了するための目安の時間も書き込んでもらいます。

実は、ここが大事なポイント。作業時間を意識せずに仕事をしていくと、どうしてもタラタラと業務をしてしまいがちで、作業効率が低下します。逆に、各タスクを完了させる時間を決めておけば、その時間内に業務を終わらせようという意識を持って仕事に取り組めるため、集中力が高まり、「ゾーン」に入りやすくなるのです。

そうすると、仕事をするスピードが速まるとともに、同じ時間内にこなせる仕事量も増え、業務効率が一気に上がります。

また、タスクをいくつ完了できたかについても、終礼ノートでチェックするので、その日の仕事の達成率が一目で分かります（11個タスクがあり、7個完了できた場合は「7／11」と記入します）。こうすることで、うまく仕事がこなせたときには達成感も味わえますし、そうでない場合は、どうすれば効率よくこなせるようになるのかと、次の手を考えるようになり、どちらにしても、自らやる気を高めていくことになります。

山川さんは「ノートをリニューアルしてから、スタッフの仕事の質がグッと上がった」と話されていました。

check!

行動を自ら評価し、結果を検証することで、成果と成長を実感できるようになり、自信が持て、さらにはやる気もアップしてきます。

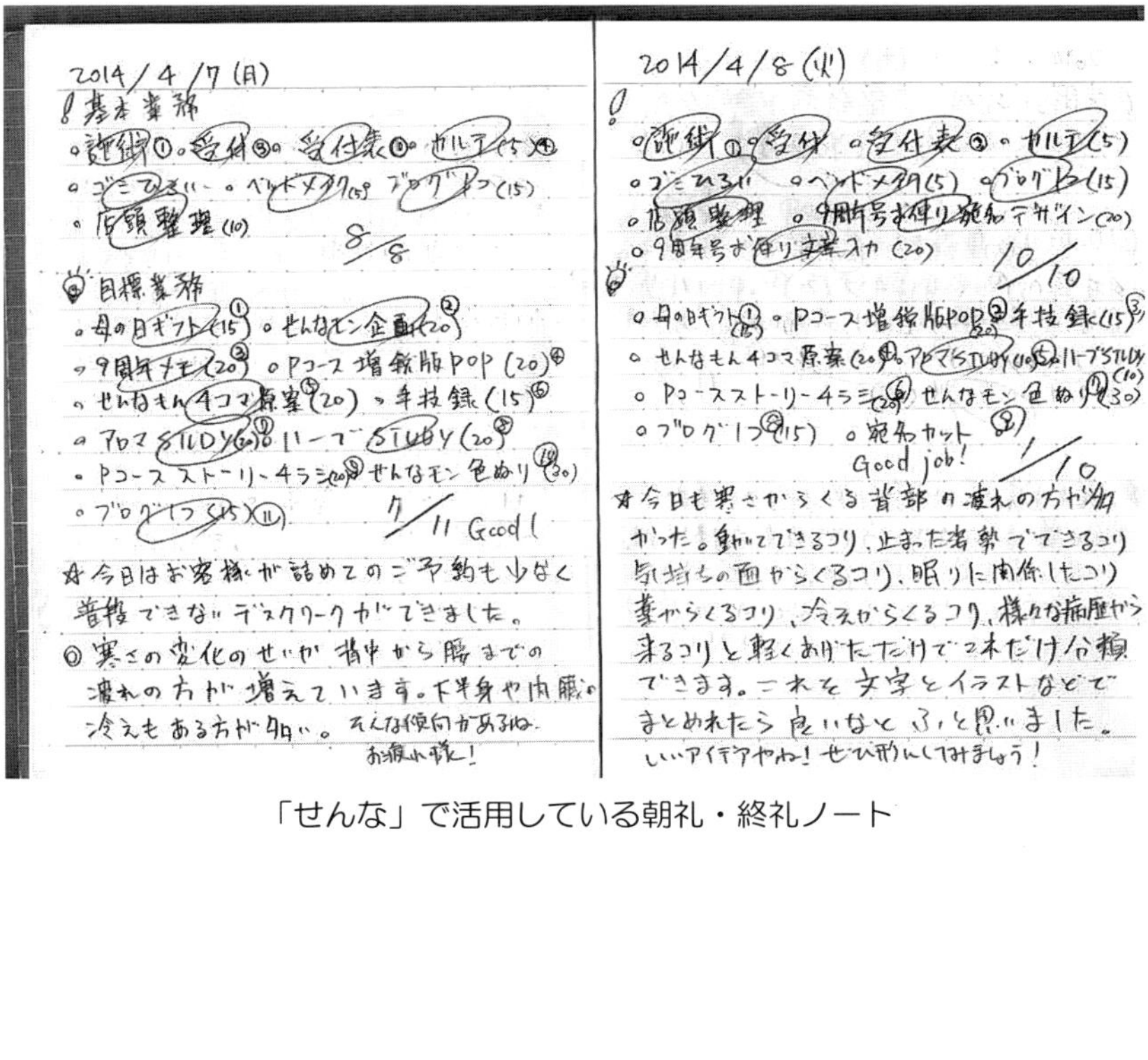

「せんな」で活用している朝礼・終礼ノート

motivation

17 小さな成功体験を積ませる

やる気が高まり、行動を始めたスタッフのモチベーションを維持・継続させるためには、小さな成功を積ませていくことが大事。成功が、次の成功の呼び水となってくれます。

「勝ちぐせ」がつくと人も変わる

「勝ちぐせ」という言葉があります。

スポーツを観戦していると、実力が劣ると考えられていた選手やチームが、1回戦から次々と勝ち上がるうちに「勝ちぐせ」をつけ、その勢いのままに次々と強豪選手（チーム）を倒していく……というシーンをよく見かけます。

そして、そのときは「まぐれ」と思われていたものが、次の大会でも同じように勝ち上がっていくと、周囲からも実力であると認められ、同時に、その選手やチームは、堂々とした風格と自信を漂わせるようになります。

もちろん、もともと実力を持っていたことが、「勝ちぐせ」の一つの要因ではあります。ただ、それだけでなく、勝ち続けることによって、

「自分たちはできる！勝てる！」

というポジティブなセルフイメージが構築されて潜在能力が引き出され、真の実力となっていったことも、大きな理由です。

『15　ハードルを下げ、徐々に上げていく』（１０２ページ）では、小さく簡単な達成感を用意し、徐々にハードルを上げていくことで、より大きな成功を導くという事例をお伝えしましたが、そこまで厳密にせず、お店の中で小さな成功体験を繰り返すことでも、「勝ちぐせ」がつき、やる気が高く維持されるばかりか、セルフイメージも良いものになり、このことが、スタッフの隠れた能力を引き出してくれます。

この方法が最も効果的なのは、自信とやる気を失い、くすぶっているスタッフです。そんなスタッフがいたら、ぜひ、小さな成功体験が繰り返し味わえるようなマネジメントを実施してください。驚くほどスタッフのやる気と仕事ぶりが変わっていきます。

とはいえ、わざわざ「成功しやすい小さな業務」を与え続ける……なんてことは必要ありません。次ページの「小さな成功体験報告レポート」などを活用し、今までは隠れていた成功体験を日常業務から見つけていくとよいでしょう。

そして、成功体験が増えると、実は経営者やマネージャーにもメリットがあります。それは「褒め、承認することが簡単」だということ。褒めるチャンスは案外少ないものですが、小さな成功がいっぱいあれば、それが全て褒めるネタとなります。

check!

「勝ちぐせ」がつくと人はみるみる変わっていきます。小さな成功を積ませ、その成功を褒め、承認して、やる気を高めていきましょう。

【「小さな成功体験報告レポート」の使い方】

●月初めなどに、各自で取り組むテーマを決め、1と2に記入させるとともに、1カ月を通してそのテーマとどう向き合い、取り組んでいくのかを考えてもらいます。
●3の項目には、その取り組みに対して、うまくいったことや褒められたことなどの、小さな成功体験を記入させましょう。
●4の項目では、その取り組みを通して何を感じ、何を学び、今後にどう生かすのかを記入してもらいます。
●そして5の項目に、一言でもよいのでメッセージを記入して、できるだけ早く返してあげてください。また、このレポートを活用して個別ミーティングや全体ミーティングを実施するのもよいでしょう。

☺小さな成功体験　報告レポート

提出日　　　　年　　月　　日

氏名 ＿＿＿＿＿＿＿＿＿＿＿＿＿＿

1　今月のテーマ（取り組むべき課題）

2　具体的な取り組み方

3　取り組む中で見つけた小さな成功体験（エピソード）を記入しましょう

4　１ヵ月の取り組みを行なう中で感じたこと、学んだこと、感想など

5　（オーナー・マネージャー・店長・リーダー・その他 ＿＿＿＿＿）コメント

motivation

18 成長に気付くことで、また成長したくなる

「スタッフがなかなか思うように成長してくれない」と悩んでいませんか？ でも実は、本当は成長しているのに、経営者が見落としているだけかもしれません。このことに気付かないと、そのスタッフ自身も疑心暗鬼となり、やる気を失ってしまいます。

逆に、成長に気付くことができれば、そのスタッフのやる気が高まるのはもちろん、仕事もテキパキこなすようになり、繁盛店に一歩近づきます。

他者との比較はＮＧ！

スタッフの仕事ぶりを評価しようとするとき、あなたはどのようにしていますか？

もし、

「○○はできているのにお前は……」

とか、

「この前遊びに行った××さんのお店では、テキパキ働いて、よく気が付くスタッフがそろっ

ていた。それにひきかえお前たちは……」

などと、他のスタッフや近隣他店など、第三者と比較していたら、はっきり言ってあまりメリットがないので、すぐにやめましょう。

なぜなら、人によって環境も違えば、伸びる速度も違いますし、成長していきやすい部分も異なるからです。

それなのに、不得意な部分ばかり責められていたら、やる気を失い、得意な分野も伸びなくなってしまいます。

第一、スタッフ同士で比較し優劣を判断していると、必ず誰かが「劣っている」と見えてしまうわけです。

すると、経営者やマネージャー自身も、常に「何であいつは……」などとイライラしてしまいがちです。これでには、お店の雰囲気も悪くなる一方。当然、業績も落ち込んでいくことでしょう。

ですから、スタッフのやる気を高めるためには、ぜひ、他者ではなく、過去のそのスタッフと比較するよう意識を変えてください。

そして、過去と比較して成長できた部分は、しっかり褒めてあげましょう。褒めることでやる気に火が付いていきます。

「過去の自分」と比較しよう

過去と比較して褒めるには、その過去がどのような状態だったのかを、客観的に振り返れるようにしておくことが必要です。

そこで、「成長発見レポート」を定期的（半年ごとなど）に記入してもらい、蓄積していくと、過去の自分との差がはっきりし、自ら成長を把握できるようになります。

このように、過去の自分と比較すれば、ほとんどの人が成長していることに気付きます。

すると、スタッフは、自分の成長をしっかり認めることができ、やる気が高まるのです。

check!

人によって成長速度も成長カーブも異なります。他者と比較しても意味がありません。過去の成績やレポートを蓄積し、成長に気付き、気付かせましょう。

成長発見レポート

提出日　　　年　　月　　日

氏名

1　この半年でどういうことに取り組んできましたか？

2　半年前の自分と明らかに違いを感じる点をあげてください。

3　半年前に記入した「理想像」と現状との差異（ギャップ）を記入しましょう。

4　ギャップがある場合は、どう埋めていくのかを記入しましょう。

5　半年後の自分の「理想像」を記入してください。

motivation

19 お客さまから信頼される

やる気を一気に高める特効薬は、人からの信頼、中でも、お客さまから寄せられる信頼です。「お客さまから寄せられている信頼」を「見える化」して、スタッフのやる気を高めていきましょう。

信頼しているからこそ、通ってくださっている

今、あなたのお店に通っているお客さまは、あなたのお店でやっていることや、スタッフのことを信頼しているからこそ、通ってくださっています。

ですので、「お客さまの信頼を見える化する」というのは、実はとても簡単。お客さまの声を集めればよいのです。

前出の美容室「アンドゥドゥ」では、常連客に施術する際、スタッフが「なぜ、当店にお越しいただいているのですか?」とインタビューし、その回答をノートに書いていただくという取り組みをされています。

同店では、そのノートを「インタビューノート」と呼び、そこには「店長のカットは世界一だと思います」「お店の雰囲気と腕の良さはピカイチ！」「他に行く理由が見つかりません」「10代、20代、30代、40代とお世話になりました。これからも頑張ってください」……などと、「顧客からの信頼」がたくさん詰まったメッセージが並んでいます。

林代表いわく、インタビューノートのメッセージを読んでいると、信頼を寄せられているのはスタッフながら、自分自身のやる気もアップするし、何より、ノートを読んだ後のスタッフの目が、今まで以上に輝いていく様子がありありと分かるとのことです。

お客さまにメッセージを記入していただく際は、1枚ずつ用紙を渡すのではなく、「ノート」を活用することがポイントです。なぜなら、お客さまがそのノートに記入する際には、別の方が書いたメッセージにも目を通すことになるので、自分以外の人が、店に対してどれだけ信頼を寄せているのかについても知ることができるからです。そうすると、「この店に通っていて良かった」「自分がこの店を選択したのは正しかった」と実感できるため、ますます、お店に信頼を寄せるようになり、ファンになっていきます。すると、寄せられるメッセージも、よりすてきな内容になっていき……と、スタッフのやる気アップと顧客のさらなるファン化を同時に進めていくことができるのです。

アンケート調査の目的は「お店をより良くしていく」こと

同様に、お客さまアンケートの利用も効果的です。アンケートは通常、商品や接客サービスについて「良い・普通・悪い」と段階的に評価してもらうほか、中には「接客で至らぬ点はございませんでしたか?」と、わざわざマイナス側の印象を思い返させるものもあります。ただ、そうして集まったメッセージをスタッフが見ても、やる気は上がりません。

おすすめする顧客アンケートは、それとは逆に、お店の良い点、スタッフへの励ましのメッセージを記入していただくものです。お客さまから褒められ、喜ばれ、信頼されていることが伝わるメッセージが届けば、「次も頑張ろう!」と思えるものです。

このアンケートを実施している、大阪府大阪市の飲食店「から揚げキッチンここはな」(平山延生さん経営)は、顧客のお子さんから、かわいいイラストとともに、「とってもおいしかった」というメッセージの書かれた、「熱いラブレター」を受け取りました。「その手紙を見たら、疲れも一気に吹っ飛び、やる気がみなぎってきました」と平山さんは語っていました。

check!

「インタビューノート」や「褒めてもらうアンケート」を実施して、スタッフのやる気をお客さまに高めてもらいましょう。

「アンドゥドゥ」のインタビューノートに寄せられた言葉

Aさん	フレンドリーで話しやすい。
	昔からお世話になっているので、お任せしやすい。
	皆さんの仲の良さが伝わってくる。
	落ち着く雰囲気。
Bさん	よそに行く理由がない^o^
Cさん	雰囲気とウデの良さはピカイチです。これからもよろしくお願いします。
Dさん	何も言わなくても思っていた通りにしてくれて、クセとかも分かってくれているので、任せて安心‼
	店長のカットが世界一だと思っています。これからもよろしくお願いいたします。家族一同

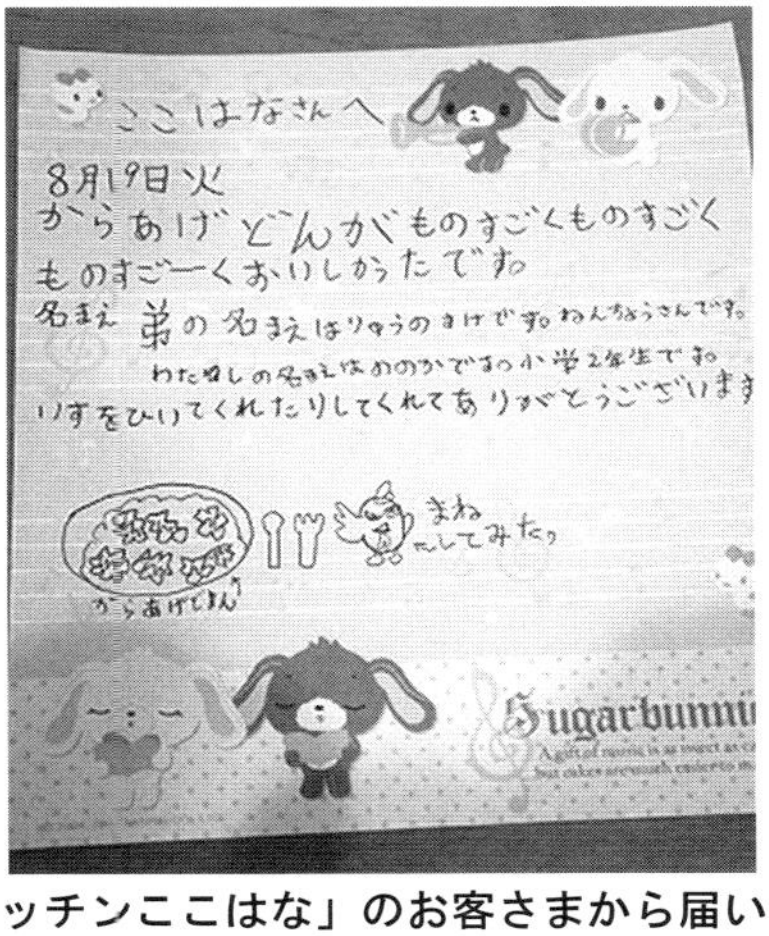

「から揚げキッチンここはな」のお客さまから届いたメッセージ

motivation

20 お客さまから愛される

お客さまから得られる「やる気」は、信頼を通じてだけではありません。お客さまから「愛されている」ことが実感できれば、それは最高の「やる気」の源となります。

年に一度の「スペシャルな日」だからこそ

家族や友人などから誕生日をお祝いしてもらった経験は、誰にでもあると思います。この日は、周囲の誰もがお祝いのメッセージやプレゼントをあなたに贈り、愛情を示してくれる、年に一度の「スペシャルな日」ですね。

ところが、これがお店の誕生日となると、「日ごろの感謝を還元します！」などとうたい、開業記念セールを開催し、利益を削って割引販売したり、来店客にノベルティーを配ったりと、かえって誕生日を迎えた側がサービスしてしまいがちです。

もちろん、開業から今日までの感謝の気持ちを伝えることは大事ですが、その手段がバーゲンセールでは、もったいないと私は考えます。競合店がひしめく中でも経営できているのは、提供する価値に見合った対価を支払ってくださるお客さまがあってこそではないでしょうか？

そういうお客さまにとって、例えば、メニューを半額で提供したところで、うれしいかというと、それほどではありません。

振り返って、誕生日のことを考えてみましょう。きっとあなたもそうだと思いますが、お祝いされるのもさることながら、家族や友人のために「お祝いする」のも、うれしく感じませんか？　そして、なぜうれしいかといえば、その家族や友人のことを好きだからに他なりません。

つまり、お祝いをして、愛情を表現できることは、双方にとって「うれしいこと」なのです。

大阪府大阪市の「居酒屋鮮道こんぴ」（店主・池田充完さん、女将・宇野真心さん）では、開業4周年を記念して、〝お客さまから愛される開業イベント〟を開催しました。

それまでの3年間のイベントでは、一般のお店と同じく、割引キャンペーンを企画していました。もちろん、盛況だったそうですが、今回はお客さまからより愛されるためのイベントにしようと考え、多くの顧客に「応援」「協力」していただいたのです。

具体的には、期間中に来店されたお客さまに、「おちょこ」か「ぐいのみ」を一人1個プレゼント「していただく」、つまり、ノベルティーとしてプレゼントするのではなく、逆にお客さまからプレゼントを頂戴し、開業4周年を一緒に祝っていただいたのです。

そのイベント期間中に集まった「おちょこ」や「ぐいのみ」の数は、全部で何と160個にもなりました。しかも、お客さまには「家で眠っているもので構わないと」お伝えしていたにもかかわらず、多くの方が、このイベントのために新調して持って来られたそうです。

中には、お気に入りの陶芸作家さんの作品をわざわざ調達しに行かれた方や、女将・スタッフの名前を入れたオリジナルのぐいのみをつくられた方、「他のお客さんと被るのは嫌だから、どんなのがいいか」と、電話で尋ねてきた方もいたそうです。さらに、イベント期間には来店できないからと、事前に持って来られたものが、開催前日までに40個以上も集まりました。

160個ものプレゼントが集まっているさまを目の当たりにすることで、「この店はお客さまに本当に愛されているんだ」と、全員が肌身を持って感じることができ、スタッフも自信と誇りを持って仕事に取り組むようになったとお聞きしています。

この取り組みは、他業種でも成果を上げています。前述の「癒しサロン・せんな」では開業記念日に150輪もの花がお店に贈られました。また大阪府大阪市の接骨院「大有堂鍼灸接骨院」（上市茂生さん経営）では70通を超えるお祝いメッセージを患者さまから受け取りました。

check!

お店やスタッフに寄せられる「愛」を実感し、やる気を高めるとともに、「ファン」をつくっていきましょう。

「居酒屋鮮道こんび」４周年記念祭の様子

第5章
スタッフのタイプ別「やる気マネジメント」

一人ひとり個性が違うからこそ……

スタッフは一人ひとり、性格、思考、価値観はもとより、コミュニケーションや行動のスタイルに至るまで、全てが大きく異なっています。つまり、店内には、さまざまなタイプのスタッフが混在しているともいえます。

そういった、タイプの違うスタッフをひとまとめにして、全員一律にマネジメントを行なうのは困難です。なぜなら、タイプが違えば、やる気がアップする「作用点」も大きく違うからです。また、そうしたタイプを考慮せずにいると、想定外の反応や行動が返ってきて、その対応に慌てたり、焦ったりして、マネジメントができなくなってしまいます。

そういう事態に陥らないためには、事前準備として、スタッフ各自のタイプを把握しておくことがおすすめです。

ワインを選ぶ際に、商品名を聞いただけで、このワインはどういう味がして、何の料理にマッチするのかを的確に判断できる人は少ないのではないでしょうか。私を含め、ワインのことについてそれほど詳しくない人は、ワインのボトルに貼ってあるラベルを読み、辛口なのか甘口なのか、どんな料理と合うのかなどという情報を得て、購入を決めていくことになります。

それと同様、あくまでイメージとしての話ですが、スタッフに対して「彼は○○タイプ」などと、ラベルを貼り把握できれば、どういうリアクションが起こるかを予測できるため、スムーズにマネジメントできるようになります。

また、スタッフはタイプによって、やる気スイッチのありかも異なりますから、そのタイプに合わせてコミュニケーションを取れれば、やる気をどんどん高めていくのも、難しいことではなくなります。

この章では、お店にいるスタッフの代表的な8つのタイプについて、それぞれの特性と対応法、そして、やる気の高め方を紹介していきます。

character

1 自信過剰なスタッフの「勘違い」を解消する

入社して2～3年もたつと、業務を一通り理解し、一人でテキパキとこなせるようになって、自信に満ちてきます。

もちろん、自信を持って仕事に取り組むのはよいことですし、自信が成長の原動力ともなります。ところが、そんな自信も過剰になると、周囲を軽視し、あつれきを生んで周囲のやる気を削いでしまいます。そればかりか、第三者の助言に耳を傾けなくなって、成長が止まり、元々の自信の源泉だった成績も落ちはじめます。すると、とたんに自信とやる気を失いがちなのも、このタイプです。

「分かったつもり」の罠

なぜ、過剰に自信を持ち、勘違いしてしまうのでしょうか？

その大きな理由は、「自分を客観視できていない」「本当の（長期的な）キャリアアッププランが見えていない」の2つだと考えています。

「全てが分かった・見えた」

のではなく、客観視できず大きなプランが見えないから、

「分かったつもり・見えたつもり」

になっているだけなのです。

自信過剰で独りよがりな状態を解消するには、まず**自身が周囲にどう映っているか把握させること**が効果的です。

とはいえ、自分のことを客観視するのは、なかなか難しいものです。

そこでおすすめしたいのが「３６０度フィードバック」という手法です。

フィードバックとは、「物事の事実を、脚色せずありのまま伝える」というコミュニケーション手法。「３６０度フィードバック」は、その手法を用い、上司、先輩、後輩、経営者などできるだけ多くの人が「対象スタッフがどう見えているのか」について伝えることで、**現状を多角的に見つめ直させる**ものです。

私がコーチングしていた大阪の自動車ディーラーでも、３６０度フィードバックを人材育成の主力ツールとして活用していました。

このとき、気を付けていたのは、フィードバックの結果を告げる際、**「誰が何を記入した**

か」は伏せること。匿名性を保つことで思いを正直に書けるようになります。

また、フィードバックする側が気を付けるべき点は、この取り組みは欠点を指摘することでも悪口を言うことでもなく、成長を促すのが目的だと理解すること。

例えば、「現状で満足」と考えているスタッフに対し、「何で努力しないの!?」と詰め寄るのはNGです。

「昨年の8月の売上は120万円でした。今年は100万円ですね」

などと客観的事実も交えながら、「仕事で迷っていることがあるのではと心配しています」のように、100%相手のことを思い、その思いを伝えるというスタンスに立つのです。

そして、フィードバック後は、上司と個別ミーティングを実施し、評価の内容についてしっかり話し合うことも必要。「周囲から見られている自分の像」を客観的に捉えられるようになり、結果、行動・言動・考え方の改善点に自ら気付けるようになっていくのです。

次に、長期的なキャリアプランが明示されていないと、現状の「分かっている・できている」ことが到達点だと勘違いし、自信過剰になってしまいがちです。

そこで、個別ミーティングなどを通じ、今後1年、3年、5年、10年先に、自分自身がどうなりたいかというゴールを語ってもらいます。

同時に、そこへ進んでいくための方法と、そのために手に入れる必要があるコト（モノ）を、

すでに入手している

準備中

手つかず

の3種に分けてリストアップし、いつまでに・どうやって手に入れるのかを具体的にプランニングしていくと、「現状に満足してはいけない」ことが実感でき、自信過剰がなくなり、自らの意志で前進していくようになります。

こうしたことは「一度やったらそれっきり」ではなく、定期的に進捗状況を確認することも大切です。

check!

長期的なキャリアアッププランと「360度フィードバック」で、自分自身を客観的に見つめさせると、過剰な自信が収まって実力とのギャップが埋まり、やる気を出しやすくなります。

character

2 自信を喪失したスタッフのやる気を蘇らせる

他のスタッフと同じように仕事に取り組んでいるけれど、なかなか成果に結び付かず、いつも成績は下から数えたほうが早い。「自分はこの業界に向いていないのではないか?」と考え込んでしまう。お店の中には、自信を喪失し、悩みを抱えながら働いているスタッフも結構多くいるものです。

このタイプの人は、簡単な作業であれば特に問題なく業務をこなすのですが、少しでも難易度の高い仕事を任せようとすると、「私にはできません」と、つらそうな表情を向けてきます。そして、そのまま仕事を任せたとしても、期待する成果は上がりません。それどころか、本人自身も自分の力の無さを痛感し、ますます自信を喪失してしまいます。

こんなことが続けば、下手をすれば退職ということにもなりかねません。

「敗戦処理」から脱出してナンバーワンになった店長

「自信喪失タイプ」のスタッフに対しては、大きな仕事を任せる前に、小さくてもよいので成功体験を積ませて、自信を取り戻させる必要があります（詳細は、第4章「『成果』でやる気が湧いてくる」をご参照ください）。

私がアパレル専門店チェーンのエリアマネジャーをしていたころの話です。

担当している店舗に、自信喪失タイプの女性店長が配属されました。しかし彼女はそれまで、着任1年で閉店とか、もともと閉店が決まっている店に配属されるなど、野球でいう敗戦処理投手のような扱いを受けていたのです。

何とか彼女に頑張ってほしいと思った私は、ほんの少しだけマネジャーの特権を生かして「えこひいき」し、その店舗に売れる商品と売れる人材を投入しました。

公平性を考えると良いことではありませんが、自信を付けさせるにはそれしか手がないと考えたのです。

しかしそのかいあって、彼女の店は売上を伸ばし始めました。

しばらくすると、日販予算の達成が当たり前となり、週の予算も達成できるようになり、それが2週、3週と連続するようになったのです。

そして、着任1ヵ月目の月末、店長からこんな電話が入りました。

「月予算を久しぶりに達成できました♪」

彼女の喜んでいる様子が手に取るように伝わってきました。

その後も好調は続き、数ヵ月後には私の助力なしでも十分に予算をクリアできるようになりました。

そして、その年の年間優秀店の表彰式では、上位10店に選ばれるまでになったのです。

1年前までは暗い顔でお店に立っていたとは思えないほど、壇上の彼女はキラキラと輝いて見えました。

翌年、彼女はフラッグシップ店へと栄転し、ナンバーワン店長の座を獲得しました。

彼女が変わる最初の一歩は、1ヵ月の予算が達成できたこと。

普通の店長であれば、ほんの小さな成功としか思えないようなことですが、それが彼女にとっては大きな意味を持つ出来事でした。

そうして、小さな成功を第一歩とし、それを積み重ねることで、

「私もやればできるんだ!」

と思えるようになり、自信とやる気につながったわけです。

このとき、もし、いきなり大型店への異動の話が来たとしても、彼女は受け入れられなかったのではと思います。また、受け入れたとしても、やる気は上がらず、失敗していたのではないかと想像しています。

成功を積み重ねて、自信が持てる状態に変わったからこそ、重責を伴う仕事を任されても、胸を張って挑戦しようと思えたのでしょう。

あなたのお店にもし自信喪失タイプのスタッフがいたら、小さな成功を積み重ね、自信を取り戻させることから始めてください。

check!

自信喪失タイプには、小さな成功体験を積み重ねて自信を取り戻させましょう。本来の力を発揮し、繁盛店に導いてくれます。

character

3 他人に厳しいスタッフの「自分基準」を改める

仕事は誰よりもこなし、クオリティもスピードも人一倍で、頼りになる「戦力」。ところが、同僚や後輩への要求が厳しすぎて人間関係のトラブルが絶えず、全体のやる気を落としてしまう。そんな「他人に厳しい」スタッフはいませんか?

自分もストレス、周囲もストレス

相手に対して、自分と同じ行動・考え方・結果を求めてしまう「自分基準」タイプのスタッフは、相手の結果が自分の期待値を下回っていると、

「自分と同じ方法ならうまくいくのに」

「簡単な仕事なのに」

と、つい感情的に相手を責めるような言動を取りがちです。

そして、

「私だけが頑張っている……」

とストレスを抱え、同僚や後輩スタッフにますます厳しく当たり、ひどい場合は、それが原因で周囲のスタッフが退職することもあります。

これを改めるには、まず、「自分と同じ考え、同じ動き、同じ結果となる人は世の中にそういない」と理解させること。

その上で、各自の特性を把握させていきます。

そのために役立つのが「スタッフカルテ」（82ページ）。当該スタッフに、後輩スタッフの性格や特徴などを記入させ、各自のことを客観的に把握するよう促します。

次に、このカルテの内容を、上司との個別ミーティング（74ページ）で発表してもらい、その上で、後輩スタッフとコミュニケーションを取る前には、カルテのことを思い出し、見返すように指導します。

これらを繰り返すことで、次第に周囲を冷静に把握できるようになります。

そして、当該スタッフの問題行動に気付いたときは、できるだけ早く、どう見え、周りにどう影響したかについてフィードバックすることが大切です。

「次の機会に話そう」では、相手は自分がどんな行動を取ったのか忘れてしまい、心に響きません。

というのも、問題行動が改まらない理由の一つに、

「自分が周囲からどう映っているか把握できず、これでよいと思っている」

ということがあるからです。

フィードバックによって自分の姿が客観視できると、あれこれ指摘せずとも、自分で行動を考え、変えていきます。

最も客観的に気付かせる方法は、ビデオに撮影して見せることです。とはいえ、当該スタッフが責めるような言動に出るまで張り付くわけにもいきませんね。

そこで、言葉でフィードバックしていきます。

ポイントは、フィードバックは「叱咤」とは異なるということ。

例えば、注意の仕方がキツいとき、「Aさん！　その言い方はキツすぎる！」などと叱るのは、「自分基準」で凝り固まっているスタッフにとって、フィードバックにならないばかりか、心を閉ざしてしまうことがあります。

フィードバックの伝え方には、「ＹＯＵ（あなた）メッセージ」と「Ｉ（私）メッセージ」があります。

ＹＯＵメッセージは、見たまま・聞いたままを、「相手（あなた）」を主語にして客観的に

伝える方法です。

例えば、「（あなたは）最近後輩と話すときに笑顔が消えているね」などと、「あなた」を主語にして客観的に伝えることで、当該スタッフはドキッとし、自分の態度がどう見えていたかを知ることができます。

一方のIメッセージは、相手の行動や結果について、指摘する「私」を主語にして伝える方法です。

例えば、「その言い方は（私には）キツく聞こえたよ」「Aさんが以前のようにスタッフと笑顔で話していないので（私は）心配です」などと、主観的な気持ちをIメッセージを通じて伝えることで、当該スタッフは、周囲からどう思われているかを感じ取ることができ、言動も変わっていきます。

周囲のスタッフも自分自身も客観視させること。それが「自分基準」スタッフを変えるポイントなのです。

check!

「スタッフカルテ」で周囲を、「個別ミーティング」で自分自身を、それぞれ客観視させることでコミュニケーションが深まり、やる気が上がります。

character

4 ミスを繰り返すスタッフに「自ら学ぶ力」を養う

新人スタッフのうちは「できない」のが当たり前ですので、指導をする側もされる側も、さほど苦にはなりません。ところが、一定の割合で、指導した通りにできないタイプのスタッフが存在します。要領が悪いだけで、決してやる気は低くないのですが、同じミスを繰り返すうちに、そのやる気も徐々にしぼんでしまいます。前ページで紹介した「他人に厳しいタイプ」のスタッフは、自分の仕事がうまくいっているからこそ過剰な自信を持ってしまうのですが、これはちょうど、逆のタイプだともいえます。

また、教える側も、同じミスを何度も注意しなくてはならず、そのこと自体に「小姑が重箱の隅をつついている」ようなストレスを覚え、やる気を失ってしまいがちです。かといって、放置していたら、仕事のクオリティーは上がりません。

ミスを自ら修正する行動がやる気を高める

理想を言えば、基礎的な教育が終了した後は、自ら習得すべきことに気付き、意志を持って学習を進めていってほしいところです。

ただ、そうはいっても、「自ら進んで学び、ミスを修正していくスタッフづくり」に取り組むのは、ハードルが高いと思われる方も多いのではないでしょうか。


そんな中、前出の「癒やしサロン・せんな」（山川　聡さん経営）では、ツールを活用したスタッフ育成に取り組み、成功を収めています。

「せんな」のスタッフの中に、何度教えても業務を習得できない方がいました。さまざまな手を尽くして教育しても、仕事の中ではそれが一切生かされないのです。雑務ならともかく、接客・施術でミスが続いていたため、失客ばかりかお店の信用も落とすおそれがありました。

問題のスタッフ本人は、元々やる気がなかったわけではありません。ただ、頑張ろうとしているのに、できないという状況だったのです。

この原因は何か？　答えは、実は非常にシンプルで、「やるべき事を忘れてしまう」のです。

言い換えると、「忘れない」仕組みをつくれば、業務が回りはじめるのはもちろん、本人のやる気も上がっていくのです。

そこで私は、山川さんに対し、マネジメントツールとして、業務内容を記した「セルフチェックシート」の活用を提案しました。

実施方法は簡単です。まず、接客・施術直前に、チェックシートに列記されている「注意しなければならないこと」「必ず行なわなければならないこと」を、スタッフが自身で一つずつ確認・予習した上で、入客するよう徹底します。これで、「忘れてしまう」ことによるミスが軽減されます。

次に、業務を終えた後は、シートの内容がきちんとできたかをセルフチェックしてもらいます。こうすることで、自らの行動を客観的に振り返り、復習することができます。

ポイントは、チェックシートの項目を、山川さんが一方的に決めるのではなく、スタッフとの個別ミーティングを通じ、「今の自分には何が必要か」を本人に考えさせていること。このプロセスを経ることで「やらされ感」がなくなり、進んで活用するようになるとのことです。

このチェックシートの活用により、繰り返しのミスが徐々に改善されただけでなく、自分の課題を自ら見つけ、チェックシートの項目に書き加えて、それを克服するため、やる気を上げて取り組んでいるとお聞きしています。

check!

繰り返しミスをするのは、やる気がないからではありません。ミスを減らす工夫を凝らせば、自ら学び、改善し、やる気を高めていきます。

「癒しサロン・せんな」で使用している「セルフチェックシート」

接客、施術、チェックリスト　　高橋祐子　　／　／

			八点押しは体を移動しながら体重で押す。
	笑顔で"こんにちは"とお迎えをする。		肩は指で硬さを確認し、硬ければ肘押しをする。
			肘押しは7秒とめる。
	カーペットスイッチの確認。		首の起始(付け根)をしっかり捉える。
	アロマは案内前につけて置く。		首を体重を使って押す。
	お着替えを用意しベッドの上に置いておく。		首の三線は指の腹でとらえる。
	カゴ、タオル、毛布の位置を確認する。		首のツボは指先でとらえる。
			肘押しで反動をつかって押さない。
	ベッドの位置をサイドに動かし、お客様の立つ、着替えるスペースをつくる。		脇をしっかりとらえひっぱる。
	ヒーターの位置に気をつける。		肩甲骨の外側をしっかりとらえる。
			加減をこまめにお聞きする。確認する。
	タオルは肩の前までしっかりかける。		メインの場所の時間のバランスを考える。
	身長のある方は、上半身で大タオルを2枚かける。		
			内ももをもう少し下の部分をとらえる。とめる。ぐりぐりしない。
	手を温める。(湯、筋トレ、生姜紅茶)		裏ももの外側も張っている人は押さえる。
	"すみません""申し訳ありません"は言わない(お客様は不安になる)		坐骨の外側の張りをしっかりとらえる。
			内ももの付け根をしっかり意識してとらえる。
			膝裏のツボをしっかり捉える。
	靴は履きやすい位置に整える。		
	靴ベラを手に持ってお渡しする。		ふくらはぎを押すときは後ろに立つ。
			ふくらはぎの内側を押すときは内側に立つ。
	お茶は目線と同じか下からお出しする。		ふくはぎの外側をおすときは後ろに立つ。
	お茶の温度に気をくばる。		
	お見送りは店頭まで出て行う。		耳下腺ななめから適度の強さでおせたか
			仕上げのストレッチは力で無理に伸ばさない。
	お客様に合ったアドバイスを、自身で考えて何か一つ提案する。		叩打法も力で叩かない。
	タオルは香水の香りや汚れないかどうか毎回確認する。あれば取り替える。		手首を固定し腕で揉む。
			首の2線と2．5線の場所確認
			首の2線の真ん中少し上のツボをとらえる
			腰がひけてないか　へそで揉んでいるか
			4指に体重かかってないか

施術直前に確認してミスを減らすとともに、施術直後に自らの行動を振り返って、反省と次回以降への施術に生かします。

character

5 「ミスター・NO」のぐちを改善の提案に変える

指示や提案をしても、いつも第一声は「でも……」と、反対ばかりしている。仕事をし始めても、不平・不満・ぐちや否定的な意見をよく口にしている。そんなスタッフはいませんか？　仕事の中で、不平や不満を感じること自体は不思議ではありません。あなた自身、思うように業務が進まず、誰かに不満を言いたくなることも、時にはあるのではないでしょうか？　しかし、だからといって、言いたい放題にさせておいてはいけません。

否定語が口癖になると、思考もネガティブになり、自らのやる気が上がらないばかりか、周囲のスタッフにも悪影響を及ぼし、全体の士気まで低下させかねないからです。

ぐちから改善案を導く

まるで条件反射のように、何でもかんでも常に反対してくるタイプのスタッフは、「やる気スイッチ」が最初は必ずオフになっているのだといえます。

日常の業務をしている中で、スタッフは、

「なぜこんなことをしているのか」

「やり方がおかしい」

などと、不平や不満を口にすることがあります。

こういった、「ＮＯ」と感じることは、スタッフのやる気を下げる要素となり得ることです。

ただ、**その根本をたどれば、お店が改善され、逆にやる気アップにつなげることができます。**

【ポイント1　否定せず受け止める】

まず、頭ごなしに否定してはいけません。話をしっかりと聞きましょう。

このとき、話を全て「受け入れる」＝共感・賛同する必要はありません。**「受け止める」＝あなたの話をきちんと聞いたと意思表示することでＯＫです。**

自分の意見をきちんと「受け止めて」もらえただけでも、多くの場合、ネガティブな感情は半減し、気持ちも落ち着くものです。

【ポイント2　改善案とセットを義務に】

不平や不満は、「それをどうすれば解消できるのか」という、**自分なりの具体的な改善案と**

セットで話すことをルールに定めておきましょう。すると、不平や不満は、全て前向きな改善提案に変わるため、意見を受け止めやすくなります。

【ポイント3　何ができるか考えさせる】

しかし、その改善策を放置してばかりでは、「言っても意味がない」と、単なる不平不満に戻ってしまいます。とはいえ、改善案を経営者やマネジャーが全部実施していたら、手いっぱいになってしまいます。

そこで、提案を受けたらまず、「そのアイデアを実現するために、あなた自身ができることは何ですか?」、次に、「いつから、どうやって始めましょうか?」と、具体的な行動へつなげる質問をするとよいでしょう。

その場で答えを得ても、期限を決めて行動計画を提出させてもOKです。こうすることで、言いっぱなしを防ぎ、スタッフが当事者意識を持って不満解消に取り組むようになります。

check!

「NO」という言葉は、そのままでは単なるぐちですが、「NO」という理由を深掘りしていくことで、お店もスタッフの気持ちも改善されていきます!

character

6 NOと言わないスタッフの隠れた「本音」

仕事の依頼にはいつも「はい」と笑顔で答え、期限までにしっかりと仕上げてくる。上司も同僚も「頑張り屋」「いい人」という印象を持ち、さまざまな場面で重用される。無理なお願いにも決して「NO」とは言わず、休日を返上することもしばしば。

……もしあなたのお店にこんなスタッフがいたとしたら、実は「要注意」です。

「本能寺の変」が起きる前に……

「NO」と言わないスタッフは、基本的に真面目で優しく、頼りになります。

しかしその反面、いつでも、どんなことでもNOと言わないため、「この人に頼めば何でもやってくれる」というレッテルが貼られてしまい、ときには使い走りのようなことまで押し付けられ、自分のキャパシティー以上の業務を抱え込んでしまいがちです。

無計画に仕事を押し付ける周囲が悪いのですが、それでも、表情も受け答えも笑顔のため、ストレスを抱え、密かにやる気を失っていることに気付けない場合が多いのです。

まず、こんなタイプのスタッフは、「NOと言わない」のではなく「NOと言えない」のだと認識すべきです。

その昔、明智光秀は、織田信長の忠実な家臣として、どれだけ無理難題を出されても、時に理不尽な言いつけをされても、しっかりとこなすがゆえ、信長に重用されました。ただ、信長から十分な見返りが受けられなかったために、ある日突然「本能寺の変」を起こし、信長を討ち取ってしまいます。

NOと言えないスタッフも、明智光秀のようにいきなり態度を一変させて、「辞めさせていただきます」と退職願を突きつけてくることがあります。このときは本人も一大決心ですので、もう後戻りや他の選択肢を選び直すことはできません。

また、NOと言えないスタッフは、お客さまに対してもNOと言えないケースがほとんどです。もちろん、お客さまの要望や希望に対し「それは無理です!」などと無下に突っぱねてはいけませんが、かといって、絶対に無理な要望に対し、何とかしようと悪戦苦闘し、結果、「骨折り損のくたびれもうけ」では本末転倒です。

このようなスタッフに対するマネジメントのポイントは以下の3つ。

【ポイント1　労働量をコントロールする】

自分で「NO」と言えないということは、自分で労働量をコントロールできないという意味でもあります。

上司は、そのスタッフに仕事が集中しすぎていないか、常にチェックする必要があります。

そして、適正な仕事量を超えていると分かれば、周りにも注意を促しながら今以上に仕事を抱え込まないよう調整すべきです。

【ポイント2　本音を読み取り細かく労う】

「NOという本音を言えない」とは、自分の本音を言葉や態度で表すことが少ないという意味でもあります。すると不満は内部で徐々にたまり、やる気を失ってしまいます。

上司や周囲は、意識してコミュニケーションをとり、相手の状態を観察しながら本音を読み取るとともに、仕事へ一生懸命取り組んでいることに対して、労いの言葉を日ごろから細かくかけていくことが大切です。

そうすると、自分の頑張りを認めてもらえていると実感でき、仕事へのモチベーションを維持することができるのです。

【ポイント3　NOと言っていいと伝える】

NOと言えないもう一つの理由。

それは、NOと言うことによるデメリットを考えてしまうからです。

「NOというと評価が下がるかも」「周りから相手にされなくなる」「嫌われるのでは」「皆から好かれたい」

という思いが、言えなくしている原因となっているのです。

そんなスタッフに「NO」を言わせるには、「NOと言うこと」のメリットを考えさせることが効果的です。

「仕事の過剰な抱え込みがなくなり、仕事の質が今まで以上に良くなり、自分の評価が上がる」「無理難題を押し付けられることがなくなる」

など、「NO」と言うメリットに気付かせていくことで、そのスタッフがストレスを抱え込まず、働きやすいと感じる状態に持っていくことが可能となります。

check!

NOと言わないのではなく、「言えない」。仕事を調整し、ねぎらい、「NO」とはっきり言うことのメリットを伝えましょう。

character

7 気分屋スタッフの気分を「やる気」に向ける

昨日まではとっても機嫌よく働いていたのに、今朝はなんとなくピリピリしている。ちょっとしたことを指摘したら、目も合わせずに膨れっ面になる。そのスタッフが不機嫌な状態でいる日は、何となく店全体に緊張感が漂い、息苦しい……。

こんな、自分の感情の向くまま、気の向くまま、やる気スイッチがどこにあり、いつ入るか分からないという「気分屋スタッフ」を、常にやる気にするにはどうしたらよいでしょうか？

自分を優先することは悪くないけれど……

気分屋のスタッフに、周囲が振り回され、苦労している姿を時折見かけますが、実は、当の本人は、そのことについて意識していないというケースが多いのです。

なぜなら、気分屋スタッフは自分の感情を優先しているわけですから、周囲の苦労という「他人の感情」には、なかなか思いが至らないでいるのです。

こんなタイプのスタッフへの対応としては……。

【ポイント1　ポジションを変える】

自分のことを客観的に捉えさせるには、「置かれているポジションを変えて、自らの行動を振り返ってもらう」という方法が効果的です。

対象となる気分屋スタッフに、疑似的に同僚や上司になりきってもらい、普段、そのスタッフがしている、問題となる態度や発言を、逆にこちらからぶつけていきます。その後、そこで本人が感じたことについて話し合う時間を持ちます。

物理的にポジションを変えて現場を見直すことで、新たな気付きが当該スタッフに出てくるはずです。

【ポイント2　リクエストする】

気分屋スタッフが、問題となる行動や言動を取ることについては、その人の幼少時代の環境や、家族との関わり方が大きく影響しています。残念ながら、根本的なものの考え方、価値観、倫理観、素地というものを、職場教育だけで変えることはたやすくありません。

もちろん、時間と労力をかければ、変えることも不可能ではないでしょう。昔の「丁稚奉公」「弟子入り」のように、師匠や親方と四六時中共にするようなシステムも、一つの手法です。ただ、そのためにはお互いに「忍耐力」が要りますし、そのスタッフにかかりきりとなれば、他のことに手が回らず、売上を落としてしまいかねません。これでは本末転倒です。

私としては、気分屋スタッフへの対応は、人間としての中身を変えていくのではなく、その人の「行動を変える」ことに重点を置くようおすすめしています。

具体的には、自店のスタッフとして、

「どういう態度で仕事をしてほしいのか」

「どういう行動、言動を取ることを望むのか」

について、細かくリクエストしていき、自分自身で考えてもらい、実行に移すように促します。

「型」が整えば、その後、時間はかかりますが、中身も少しずつ変化してくるものです。すると、次第に周囲ともうち解けていき、やる気も高めやすくなっていきます。

check!

気分屋スタッフを変えるには、まず、ポジションを変えて自分の行動を振り返ってもらい、その後、時間をかけて、行動から変えていきましょう。

character

8 年上スタッフのやる気を導くコミュニケーション

当人の素地という意味では「気分屋スタッフ」以上に変えようがなく、またマネジメントも難しいのが、年上のスタッフです。現場では、オーナーやマネージャーよりも、中途採用やパート勤務のスタッフの方が、年齢やキャリアが上という場合も多く、特に2代目経営者の方にとって、悩みの種だと聞くこともあります。

確かに、年上のスタッフを部下に持つと、「指示に従ってくれるだろうか」「逆に文句を言われるのでは」などと気後れしてしまいがちです。かといって、「上司の命令は絶対」と居丈高に振る舞えば、溝が深まり、お店の風通しが悪くなって、皆のやる気が下がります。

スタッフのやる気と能力を最大限引き出すためにも、「年上は……」という苦手意識を払拭しましょう。

尊敬し、尊敬される

実は私自身も、大学卒業後すぐに勤務したアパレル専門チェーン店で、まさにこの問題に直面しました。

入社7ヵ月目で店長となったのですが、そのお店のスタッフは、全員が私より10歳以上年上で、かつ、女性スタッフばかり。中には社歴15年の超ベテラン社員や、元婦人服店の敏腕店長だったツワモノまでそろっていたのです。

そこに、少し前まで学生だった若造が店長として赴任しても、普通は相手にされません。

そこで、彼女たちに認めてもらうためにはどうしたらいいのかを考えました。

【ポイント1　店内ナンバーワンになる】

まず取り組んだのは、できることに一生懸命取り組み、何でもいいので、一つのジャンルで店内ナンバーワンになることでした。

私は男性ですので、スカートやブラウスのことはよく分からず、婦人服を販売した経験もないという、素人同然の身。販売力は店内で最も未熟でした。

でもその分、接客回数を圧倒的に増やし、その弱みをカバーしようと試みたのです。

そのかいあって、店長就任半年後には、店内で最も売上額を稼げるようになりました。

【ポイント2　人生の先輩として尊敬する】

普段のコミュニケーションでも、店長だからと上から物を言ったり、横柄な態度を取ったりせず、人生の先輩として接するよう気を配りました。

指示を出す際も、命令ではなく「依頼」が基本。

普段の会話も必ず敬語を使いました。

【ポイント3　リーダーにふさわしい言動・行動を心掛ける】

組織の上では自分がリーダーですから、リーダーとしてふさわしい態度・行動・言動を取れるよう、精いっぱい務めました。ビジネス書や雑誌などをできるだけ読むようにしたのも、その一環です。

自ら勉強するとともに、そこで入手した情報をスタッフにシェアしました。

このようにする中で、次第に信頼を勝ち得ていくことができたのです。

以上のように、

「ナンバーワンという実績を残し」

「命令ではなく依頼し」

「必ず敬語で話すなど、相手を尊敬し」

「リーダーにふさわしい、信頼される行動を心掛ける」

ことで、年上スタッフへの苦手意識は消えていきました。同時に、店内にまとまりが生まれ、お店全体でやる気が高まっていったのです。

もし、あなたがかつての私と同じような問題を抱えていたら、ぜひ参考にしてください。

check!

まずは自らの実績を示し、その上で、リーダー・上司としての自覚を持って行動して、互いに尊敬し合える関係となりましょう。

第6章

「やる気スイッチ」を入れる経営者の条件

スタッフのやる気は、全て経営者やマネージャーにかかっている

「入社して間もないころ、ここで働いているスタッフの様子を見ていると、仕事ができる人もそうでない人も、とにかく全員が一生懸命に業務に取り組んでいるので、この医院には他とは違う空気が流れていると感じました」

こぐま小児歯科・渡辺正知院長は、勤務するパートスタッフさんから、こんなことを聞かされたそうです。

そのスタッフの話は続きます。

「入社当初は、もしかしたら、みんな表面的にやる気を見せて働いているだけではないか?と思い、しばらくの間、同僚のことを観察していました。でも、実際にここで働いてみて、皆が仕事に対して本気で〝自分事〟として取り組んでいることが分かりました。今までは、『結局のところ、医院は経営者のものなので、どれだけ頑張っても、自分自身が報われることはない。だから、仕事は仕事として割り切って関わる』ようにしていました。でも、今は、その考えは完全に消え去り、本気モードで、楽しく仕事に取り組むことができています」。

こぐま小児歯科のスタッフは皆、仕事を、他人事ではなく〝自分事〟として捉え、本気でその業務に取り組み、より成果が上がるように頑張ろうとされています。

その秘密は、渡辺院長自身が、まず、やる気を全面にみなぎらせるとともに、スタッフのことをよく見て、努力をねぎらい、感謝していることにあります。

どれだけ力を注いでも、そのことに対して、経営者やマネージャーからねぎらわれたり、感謝されたりすることがなければ、スタッフのやる気スイッチは入ることはありません。

このパートスタッフさんが、それまでの職場で感じていた「どれだけ頑張っても、自分自身が報われることはない」「だから、仕事は仕事として割り切って関わる」という考えは、多くの人が口にこそ出しませんが、心の中で思っていることではないでしょうか？

「やる気スイッチ」が常にオンの状態になっているスタッフが現場にそろうかどうかは、経営者やマネージャーの考え方、マネジメントのやり方に全てがかかっていると言っても過言ではないのです。

manager

1 信頼し続ける

人は、人から信頼されることによって、やる気を得ることができます。言い換えると、人から信頼されなくなったとき、やる気の炎はあっと言う間に消えてしまいます。

だからこそ、経営者やマネージャーは、何事にも動じることなく、スタッフを信頼し続けることが大事なのです。

キャンペーンのスタートダッシュに失敗！　そのとき上司は……

私がアパレル専門店チェーンの店長をしていたときのことです。

会社を挙げて行なう大規模なキャンペーンの初日に、店長をしていたそのお店が、大きく売上を落としてしまいました。

担当していたお店は、チェーンの中で最も予算規模が大きく、関西エリアの旗艦店でした。

1日の売上予算は小さな店の4～5倍に設定されていたため、私のお店がコケると、関西エリア全体、下手をすると会社全体の業績にも大きな影響を及ぼしてしまいます。

ですので、普通であれば上司は胃をキリキリさせて、目をつり上げて、「何をしているんだ！」とどなりつけてきても、あるいは「もっと頑張ってもらわないと困る」などと言って、言葉と態度でプレッシャーをかけてきても、おかしくありません。

でも、当時の直属の上司（第1章に登場した上司とは別人です）は、その翌日、東京の本社からすぐに飛んできて、お店に顔を出し、買ってきた栄養ドリンクを私に手渡しながら、「岡本店長なら、昨日の営業で何がいけなかったのかについては自分なりに総括していると思います。なので、今日は大丈夫でしょう！」とだけ、優しく声を掛けてくれました。

てっきり、叱責され、発破をかけられるだろうと身構えていたので、上司の言葉を聞いて、何だか拍子抜けした感じにもなりました。しかし、それと同時に、上司が自分を信頼してくれているんだということも分かりました。

また、キャンペーンの準備のために、連日残業続きで疲労がたまっているだろうと、栄養ドリンクを差し入れてくれたことで、私は大切にされているのだとも感じました。

そうして、今まで以上にやる気がみなぎってきたことは、今でもしっかりと記憶に残っています。

売上予算を達成できなかったときに、一番悔しい思いをしているのは、そのお店を任されている店長と、そこで働くスタッフです。頑張ったけれど、思ったような結果が出せなかったとなれば、次の日は何としてでも予算をクリアしてやろうと思うのが普通です。

そういう気持ちになっているときに、上司からお小言を並べられると、「そんなことは言われなくても分かっている！」と思うでしょうし、「リベンジするぞ！」という気持ちが消えてしまうことになりかねません。

必要なのは、クドクドと嫌味を言うことではありません。

当時の私の上司がしたように、「あなたのことを信頼している」というメッセージを、「言葉」と「態度」と「ツール」を使って伝えることなのです。

結果として、私のお店はその日、前日のマイナス分を取り戻し、キャンペーン期間中の目標に対して大きく上回る売上をつくり出すことができました。

マネジメントを上手に行ない、できる人材を現場にそろえるための、一つ目の大切な条件。

それは、「相手を信頼し続ける」ことです。

「信頼されている」と感じれば、スタッフのやる気スイッチは自然とオンになっていきます。

私が知る繁盛店の経営者やマネージャーは、例外なくこのことを熟知し、現場で実践しています。

check!

「あなたのことを信頼している」というメッセージを、言葉と態度とツールで伝え続けていきましょう。

manager

2 黒子に徹する

経営者やマネージャーという立場からお店やスタッフのことを見ていると、「自分が細かく指示すれば、もっとうまくいく」とばかり、自ら指揮棒を振り、スタッフにあれやこれやと命令したくなるものです。しかしこれでは、たとえ一時期はうまくいったとしても、いずれスタッフのやる気が落ち、業績も伸び悩んでしまいがちです。自分の心をグッと抑えて、黒子に徹することが、繁盛店へと導いていきます。

指示・指導できないから気付いた、チームの成果を最大にする方法

私の息子は小学生のとき、サッカーの地域クラブチームに所属しており、その関係から少年サッカーの試合を何度も観戦しました。

このときによく見かけたのは、コーチや監督が、子どもたちに対して、「もっと速く走れ！」「ドリブルで突破しろ！」「右サイドへ回せ！」などと矢継ぎ早に指示を出し、「何で走らない！」「動きが悪い！」「何やってるんだ！」と叱りつけている姿です。

自分の思うようなプレーをさせるため、大きな声を出して発破をかけているのでしょうが、それで子どもの動きが良くなるのかといえば、そうはならず、コーチが言えば言うほど、気持ちは萎縮し、やる気を喪失して動きが悪くなっているようでした。

息子が所属していたチームでは、あるとき、普段は観戦役の保護者数人に「一日コーチ」としてチームを任せ、率いてもらうというイベントを行なったことがありました。

その日の試合は、地区の比較的大きな大会で、強豪チームも多数参加していました。また、当然ですが、対戦相手のコーチはサッカーのことを熟知している強者ばかりです。

一方、コーチ役として手を挙げた保護者は、私を含めてみんな、サッカーは経験ゼロのド素人。細かなルールはもちろんのこと、布陣や戦略・戦術を考えることなど、全くできません。

こうした中、コーチとして私たちが行なったことは、

「子どもが主役であり、我々コーチは黒子に徹しよう」

ということでした。サッカーについて指導などできませんから、とにかく、子どもたち自身で全てを考えさせ、自ら決めるように促したのです。

具体的には、試合前に「次の対戦相手はどんな特徴を持っているの?」「強みと弱みは何?」「どうすれば切り崩していけるの?」という質問を投げ掛けていきました。

また、各自のポジションを決める際も、どうすれば自分たちの力を最大限に発揮して、相手から点を奪うことができるのかを考えさせながら、子どもたちだけで決めてもらいました。

試合中にしたのも、好プレーを褒め、ミスには「ドンマイ！」と声を掛けることだけです。

さて、結果はどうだったのかというと、2勝2敗とまずまずの成績でした。ただ、中身を見ると、完敗したのは、その日の優勝チームとの試合のみで、もう一つの敗戦は、同点からのPK戦でのものでした。

それよりも特筆したいのは、子どもたちの表情、気持ち、行動の変化です。

実は、その日は朝から大雨で、時間がたつにつれ雨脚が強まり、気温も低下するという悪天候。最初はチームのイベントということで楽しそうにしていた子どもたちも、試合が進むにつれ、弱音を吐くなど、徐々にモチベーションがダウンしてしまいました。

ただ、そんな中でも私たちは、発破をかけるのではなく、子どもたちに考えてもらい、自らアイデアを出し、その考えに基づき行動するようにと促しました。

そうしたところ、試合の前に弱音を吐いていた子どもも含め、全選手が力を振り絞り、一人の離脱者も出すことなく、最後までピッチの中を走り切ったのです。

ある子は、自分は前半戦だけ出場して、後半は休むと宣言していたのにもかかわらず、ハーフタイムで戻ってきたときには、「休んでなんかいられない！」と言って、水分補給後すぐにピッチへ戻って行ったほどです。同様に、他の子どもたちのやる気もグングンと上がり続け、チームの雰囲気も子どもたちの動きも、尻上がりに好転していきました。そして、最終戦は見事、勝利を勝ち取ることができたのです。

試合終了後の子どもたちを見ていると、相当疲れているはずなのに、今までにないような明るい表情で、口々に「楽しかったね！」と語り合っていました。

このような「コーチ」をした経験から言えることは、基礎教育を終えていることが前提とはなりますが、「人は考えるチャンスを与えると、アイデアを出し、やるべきことを決めて、人から言われなくとも自ら動きだす」ということ。そして、自らやると決めた行動に対しては、やる気を上げて取り組むので、おのずと良い結果に結び付くということです。

つまり、やる気を高め、繁盛店を育てるための、もう一つの条件とは、「黒子に徹する」ことだといえるでしょう。

check!

主役はスタッフであると常に意識し、自らは黒子に徹することが大切です。

おわりに

ここまで、お読みになられていかがでしたか？

最後に、やる気ある人材がそろう、繁盛店の事例を2つご紹介しましょう。

大阪府と兵庫県にファストフードのＦＣ店を展開されている㈱ハートアンドアクションの社長、松井辰彦さんは、「ホットラインレポート」と呼ぶ各店からの報告書を毎日受け取ります。スタッフが日替わりで記入する7～8枚のレポートの中には、お客さまの感謝の声や、その日の出来事などがびっしり書き込まれています。このレポートに対し、松井さんは毎日、欠かさず返信します。２６０人を超えるスタッフと、この取り組みを始めて、10年以上たつとのこと。レポートからは、やる気を持って仕事に取り組むスタッフの姿がありありと浮かんできました。

兵庫県加古川市に本店のある精肉店・㈱大浦ミートは、このほど「マミロンスタッフ」という社員制度を新設されました。命名の由来は、ママの「マ」、ミートの「ミ」、ロングの「ロン」。パートとして勤務している3人のママさんスタッフに、同社で安心して長く働いてもらいたいという、大浦達也社長の思いを形にした制度です。マミロンスタッフになると「定時退社ＯＫ」「子どものことが理由の出勤変更に対する、柔軟な対応」「産休、育休、妊活（妊娠活動）の応援」が約束され、福利厚生なども一般社員と同等となります。私もマミロンスタッフへの昇格を発表するセレモニーに同席しましたが、3人ともとてもうれしそうでした。

この2つの企業（店）は地域一番の繁盛店です。そして、そこに勤務するスタッフはやる気を持って、笑顔で仕事に取り組んでいます。特別なことをやっているわけではありません。スタッフとコミュニケーションをしっかり取ること、より働きやすい職場となるための制度をつくること……など、〝人を大切にする取り組み〟を愚直に行ない、継続しているだけなのです。

人を大切にする店には、お客さまもスタッフも自然と集まります。

このことが、繁盛店になるための一番の近道であると私は考えます。


本書の出版に当たり、私が主宰するインストア・コミュニケーション・サポートクラブの参加メンバーの皆さんには、貴重な情報を提供していただきました。お忙しい中でも快くご対応いただいたことを心よりお礼申し上げます。また、執筆するに当たり、㈱女性モード社の古田領一さんは、私のよき伴走者として関わっていただきました。本当にありがとうございました。

そして、数ある書籍の中からこの本を選んでいただき、最後までお読みいただいたあなたへも感謝申し上げます。

お店にやる気あるスタッフがそろい、繁盛店になることを心から応援しています。

岡本文宏

著者紹介

岡本文宏（おかもと・ふみひろ）

スタッフの「やる気」と「売る気」を一気に上げる！日本初の商店主専門ビジネスコーチ。アパレル専門店チェーン勤務、セブン-イレブンFC店経営を経て、2005年、メンタルチャージISC研究所を設立。延べ200人を超える経営者に対して、低コストでできる優秀な人材の採用法や、自ら考え動くスタッフ育成術、仕事の任せ方のノウハウなどを提供。業界団体、商工会議所、企業での講演活動、雑誌への執筆にも注力している。著書に『仕事をまかせるシンプルな方法』『もう人で悩みたくない！店長のための採る・育てる技術』。
公式サイト http：//www.cvsfc.com/
著者メルマガ　http：//www.cvsfc.com/000106.html

【読者限定の特別プレゼントをご用意しました】

1. スタッフのやる気が高まる「経営情報誌」
『ISCサポートジャーナル・特別号』（PDF版）
A4判20ページのボリュームでお届けします！

2. スペシャル音声セミナー
『岡本文宏の音声セミナー』（MP3）
約50分の講演を収録しています！

3. メールセミナー無料参加
本書で書き切れなかった繁盛店を生み出すノウハウを特別公開！（全5回）

以上の特典は、下記ウェブサイトアドレスからダウンロードしてお受け取りください。
http：//www.cvsfc.com/hnj.html

小さなお店専門の経営コーチから学ぶ
繁盛店のやる気の育て方

2015年３月25日　初版発行

定　価　本体1,800円＋税
著　者　岡本文宏
発行人　寺口昇孝
発行所　株式会社女性モード社　http://www.j-mode.co.jp/
東京／161-0033　東京都新宿区下落合3-15-27
tel.03-3953-0111　fax.03-3953-0118
大阪／541-0043　大阪府大阪市中央区高麗橋1-5-14-603
tel.06-6222-5129・5700　fax.06-6222-5357
印刷・製本　吉原印刷株式会社
カバーデザイン　小口翔平＋西垂水 敦（tobufune）
本文デザイン・DTP　今井 誠・吉原印刷株式会社

Published by JOSEI MODE SHA Co.,Ltd.
Printed in Japan.